Wolfgang Bremer

Erich Kästners große 20er Jahre

Gebrauchslyrik und Gebrauchsroman

Diplomica Verlag GmbH

Bremer, Wolfgang: Erich Kästners große 20er Jahre. Gebrauchslyrik und
Gebrauchsroman, Hamburg, Diplomica Verlag GmbH 2016

Buch-ISBN: 978-3-95934-987-1
PDF-eBook-ISBN: 978-3-95934-487-6
Coverbild: pixabay.com
Druck/Herstellung: Diplomica® Verlag GmbH, Hamburg, 2016

Bibliografische Information der Deutschen Nationalbibliothek:
Die Deutsche Nationalbibliothek verzeichnet diese Publikation in der Deutschen
Nationalbibliografie; detaillierte bibliografische Daten sind im Internet über
http://dnb.d-nb.de abrufbar.

Das Werk einschließlich aller seiner Teile ist urheberrechtlich geschützt. Jede Verwertung außerhalb der Grenzen des Urheberrechtsgesetzes ist ohne Zustimmung des Verlages unzulässig und strafbar. Dies gilt insbesondere für Vervielfältigungen, Übersetzungen, Mikroverfilmungen und die Einspeicherung und Bearbeitung in elektronischen Systemen.

Die Wiedergabe von Gebrauchsnamen, Handelsnamen, Warenbezeichnungen usw. in
diesem Werk berechtigt auch ohne besondere Kennzeichnung nicht zu der Annahme,
dass solche Namen im Sinne der Warenzeichen- und Markenschutz-Gesetzgebung als
frei zu betrachten wären und daher von jedermann benutzt werden dürften.

Die Informationen in diesem Werk wurden mit Sorgfalt erarbeitet. Dennoch können
Fehler nicht vollständig ausgeschlossen werden und die Diplomica Verlag GmbH, die
Autoren oder Übersetzer übernehmen keine juristische Verantwortung oder irgendeine Haftung für evtl. verbliebene fehlerhafte Angaben und deren Folgen.

Alle Rechte vorbehalten

© Diplomica Verlag GmbH
Hermannstal 119k, 22119 Hamburg
http://www.diplomica-verlag.de, Hamburg 2016
Printed in Germany

„Wie? Sie haben einen Nebenberuf?
Dacht ich mir's doch! Was tun Sie denn?"
„Ich lebe", sagte Fabian.

Erich Kästner

Für meine Professoren an der Universität Hamburg
von 1980 - 1986
Karl-Robert Mandelkow,
Kurt Schacks und Gerhard Lutz

Vorab gesagt

Wie schön, dass es Zeitloses gibt!

Zur Vorbereitung eines Auftritts mit Texten von Erich Kästner in Lübeck im Mai 2016 habe ich mich daran gemacht, nicht nur das eine oder andere Buch von Kästner neu zu lesen, sondern auch meine eigenen beiden Studien zu seinem Werk, die während meines Germanistikstudiums in den achtziger Jahren an der Universität Hamburg entstanden sind.

Beim Wiederlesen nach gut dreißig Jahren war mir rasch klar, dass ich meinen Text von 1984 zu Kästners Lyrik und seinem Roman *Fabian* nur leicht überarbeiten müsste, um ihn dann ohne Bedenken gedruckt vorlegen zu können.

Gedacht, getan.

Ich wünsche meinen Lesern anregenden Spaß damit. Und den Gedichtbänden Kästners sowie dem Roman *Fabian* wünsche ich immer wieder neue Leser.

Erich Kästners Lyrik und sein Fabian sind – und bleiben – aktuell. Frappierend aktuell. Der Autor Klaus Kordon sagt dazu: „Heute staunen wir über die politische Hellsichtigkeit des damals Zweiunddreißigjährigen" und nennt den *Fabian* „einen der provokantesten deutschen Romane überhaupt [...] mit einer oftmals ans Visionäre grenzenden Hellsichtigkeit."[1]

Die damals festgestellte ‚Gebrauchsfähigkeit' der Gedichte übertrage ich in dieser Arbeit auf den Roman *Fabian*. Und ich bin sicher, auch heute noch – oder gerade wieder – sind Lyrik wie Roman gut zu gebrauchen.

Und beides, – Lyrik wie Roman – sind dabei so augenzwinkernd lustig wie spannend. Ein Genuss.

---

[1] Klaus Kordon, Die Zeit ist kaputt, S. 139ff.

Der Inhalt

Vorab gesagt

Worum geht es in diesem Buch?	1
Wer war Erich Kästner?	4
Was andere über Kästner schrieben	6
Meine Anmerkungen im Jahr 2016	8
Sind Gedichte zum Gebrauchen da?	8
Gedichte? Worüber denn?	9
Wie hat Kästner das bloß gemacht?	13
Wer hat all die Gedichte gelesen?	15
Was wollte Kästner erreichen?	17
Eine besondere Beziehung	20
Episoden über Episoden	22
Worum geht es?	25
• Sexualität	25
• Kästners Menschenbild	30
• Der vorherige und der nächste Krieg	36
• Tag- und Nacht-Träume	39
• Mein liebes, gutes Muttchen, Du!	41
• Zweierbeziehungen, solche und solche	43
• Idyllensehnsucht	47
• Die Menschen vernünftig machen?	51
• Ein anderes Medium: Die Funkrevue *Leben in dieser Zeit*	54
• „Das macht man doch nicht!"	56
• Eine neue Hoffnung	60
• Kästner himself	66
• Und was war da noch?	67

Grotesk – satirisch – zynisch:	69
Was unterscheidet die Lyrik vom Roman?	71
Fabian durch die Brille der Lyrik	73
Das Ende	79
Der Blick zurück	83
Die Zugabe: Kästner und ich	84
Greifbare Ausgaben 2016	87
Zitierte Literatur von Erich Kästner	88
Zitierte Literatur über Erich Kästner	89
Über den Autor	92
Weitere Veröffentlichungen	93

Worum geht es in diesem Buch?
Einleitende Gedanken

Erich Kästners Gedichte der Jahre 1928 bis 1932 sind das eigentliche Thema dieses Buches. Sein Roman *Fabian. Die Geschichte eines Moralisten* aus dem Jahr 1931 ist das andere eigentliche Thema. Hinzu kommt der wesentliche Aspekt beider Blickrichtungen: das Zusammenspiel dieser Werke unter dem Eindruck der Endphase der Weimarer Republik und der heraufdämmernden Machtübergabe an die Nationalsozialisten.

Die in Buchform veröffentlichte Lyrik Erich Kästners aus dieser Zeit besteht aus 192 Gedichten. Diese sind in vier Bänden herausgekommen. Die Titel der Sammlungen lauten *Herz auf Taille* (1928), *Lärm im Spiegel* (1929), *Ein Mann gibt Auskunft* (1930) und *Gesang zwischen den Stühlen* (1932). Diese vier Bände sind Auswahlsammlungen von Kästners verstreut veröffentlichten Gedichten. Er arbeitete für verschiedene Zeitungen und Zeitschriften, unter anderem für die „Weltbühne", das „Tagebuch" und die jeden Montag erscheinende Wochenzeitschrift „Montag Morgen", in der jeweils ein Gedicht von ihm abgedruckt wurde. Bereits hieran erkennt man, dass es sich bei Kästners Lyrik nicht um in stillen Mußestunden entstandene Werke handelt, sondern um Auftragsprodukte, die unter Termindruck in gewisser Eile und sogar Hektik termingerecht hergestellt und abgeliefert werden mussten.

Über die Arbeitsweise Kästners dieser Zeit geben seine Briefe an seine in Dresden lebende Mutter gute Auskunft. In ihnen spricht er zum Beispiel davon, dass er *reihenwei-*

se kleine Gedichte [...] zu erledigen hätte, dass er *jeden Tag ein Gedicht fabriziert* hätte und *wieder ein MM-Gedicht* (für die Zeitschrift Montag Morgen) *verzapfen*[2] müsste. Die Herstellung dieser Gedichte fand nicht zuhause statt, sondern in der großstädtischen Atmosphäre seines jeweiligen Stammcafés.

Für die Buchveröffentlichungen traf Kästner eine Auswahl, wobei er eine Reihe Gedichte unverändert übernahm, andere dagegen mehr oder weniger stark umschrieb und veränderte.

Diese sehr erfolgreichen Gedichtsammlungen setze ich zu seinem Roman (für Erwachsene) *Fabian. Die Geschichte eines Moralisten* in Beziehung. Viele Bezüge fallen gleich beim ersten Lesen auf. Da herrscht der gleiche „Kästner-Ton", den Helmut Kiesel als „frappierende Mischung von Literatursprache und Umgangston, von Dichterworten und Alltagswendungen, von präzisen Fachsprachen und emotional beladenen Jargons"[3] beschreibt.

Der Schauplatz ist hauptsächlich die Großstadt Berlin. Es werden im Roman und in den Gedichten die selben Themen angesprochen, teilweise werden die identischen Geschichten erzählt.

Diesen auffälligen und spannenden Bezügen werde ich unter vielen Blickwinkeln nachgehen und dabei immer das Ziel verfolgen, Perspektiven auf den Fabian zu werfen, die ohne die Kenntnis der Gedichte so nicht zu erkennen gewesen wären, um damit das Gesamtverständnis dieses wichtigen Romans der ausgehenden Weimarer Republik genauer zu ermöglichen.

---

[2] Erich Kästner, Mein liebes, gutes Muttchen, Du!, S. 94.
[3] Helmut Kiesel, Erich Kästner, Autorenbuch, S. 74.

Nach einem biographischen Überblick und einem kurzen Abriss der literaturwissenschaftlichen Forschung charakterisiere ich die kästnersche Lyrik zunächst im Allgemeinen, um die Grundlage für die weitere Vorgehensweise zu schaffen. Im darauf folgenden Abschnitt vergleiche ich die Gedichte mit dem Roman *Fabian* anhand einzelner Aspekte. In dem abschließenden Teil stelle ich Interpretationsansätze des *Fabian* vor, wie sie unter der Berücksichtigung der Lyrik zu erarbeiten sind.

An geeigneter Stelle zeige ich in einem Exkurs auf, wie hilfreich es ist, die Funkrevue *Leben in dieser Zeit* von Erich Kästner und Edmund Nick aus dem Jahr 1929 heranzuziehen.

Und mit allem möchte ich deutlich machen, wie frappierend aktuell uns Heutigen das alles vorkommen muss.

Wer war Erich Kästner?

Erich Emil Kästner wurde am 23. Februar 1899 in Dresden geboren. Er wuchs in kleinbürgerlichen Verhältnissen auf, seine Mutter arbeitete in der eigenen Wohnung als Friseurin, sein Vater war ein in einer Fabrik arbeitender Sattler, der es nicht geschafft hatte, sich eine eigene Werkstatt aufzubauen. Es war eine lange, bis in die 1980er Jahre, verschwiegene Tatsache, dass der Hausarzt Dr. Zimmermann der leibliche Vater Erich Kästners war.[4] Kästner war somit Halbjude.

Kästner wollte Lehrer werden, er besuchte ab 1923 das Lehrer-Seminar. 1917 wurde er zum Militär einberufen. Nach dem Kriegsabitur begann er ein Studium der Germanistik, Geschichte, Philosophie und Theatergeschichte in Leipzig. Nebenbei veröffentlichte er Artikel und Gedichte in Zeitschriften. 1925 machte er sein Doktorexamen, 1927 siedelte er nach Berlin über, wo er mit seinen Gedichten rasch bekannt wurde, so dass sie 1928 gesammelt in einem ersten Band *Herz auf Taille* veröffentlicht wurden.

Ebenso wie seine weiteren Gedichtsammlungen wurden auch seine Kinderbücher sowie seine Filmmanuskripte, seine Funkrevue *Leben in dieser Zeit* und sein Roman zu großen Erfolgen.

Kästner war ein sehr populärer und erfolgreicher Autor der Weimarer Republik, wozu besonders sein Kinderbuch *Emil und die Detektive* von 1929, der „Kinderroman der ‚Neuen Sachlichkeit'"[5], beitrug. Dieser Erfolg währte zunächst bis zu der Machtübergabe an die Nationalsozialisten

---
[4] Werner Schneyder, Erich Kästner, Ein brauchbarer Autor, S. 20.
[5] Marcel Reich-Ranicki, „Der Dichter der kleinen Freiheit".

1933, die ihn umgehend zum verbotenen Autor erklärten. Kästner blieb aber in Deutschland. Nach dem Krieg ließ er sich in München nieder, wo er hauptsächlich für das Kabarett und für Zeitungen schrieb.

Erich Kästner starb dort am 29. Juli 1974.

Im Zusammenhang mit unserer Fragestellung interessiert besonders seine Entwicklung bis zu dem Jahr 1933. Halten wir fest: Erich Kästner erlebte den Ersten Weltkrieg bewusst mit, wenn auch nicht an der Front, er war Augenzeuge der Anfänge der Weimarer Republik und erlebte deren weitere Entwicklung bis zu ihrer Auflösung.

Als sein erster Gedichtband erschien, war er neunundzwanzig Jahre alt, beim Erscheinen des *Fabian* zweiunddreißig. Dies ist wichtig, da beim Betrachten der Lyrik und des Romans immer wieder auffällt, dass die Sichtweise von Personen ungefähr seines Alters geschildert wird. Auch findet sich sehr viel Biographisches darin. Sein lebenslanger enger Freund Hermann Kesten geht soweit und nennt Kästners Werk eine „transfigurierte Autobiographie".[6]

Man kann Erich Kästner bereits an dieser Stelle als Sprachrohr seiner Generation bezeichnen, wie ja auch das Gedicht *Jahrgang 1899* nicht von ungefähr als erstes in seinen ersten Gedichtband aufgenommen wurde, und quasi als Überschrift zu allen weiteren angesehen werden könnte.

---

[6] Hermann Kesten, Vorwort zu Gesammelte Schriften für Erwachsene.

Was andere über Kästner schrieben

Rudolf Wolff stellt 1983 in seinem Buch über Erich Kästner[7] fest: „Noch heute ist die Anzahl der veröffentlichten Studien über Erich Kästner wahrhaftig nicht imposant." Dieser Aussage von vor über fünfunddreißig Jahren kann ich mich auch heute noch anschließen. An ihr hat sich im Grunde nichts geändert. Das Gros der in Bibliographien aufgeführten Titel besteht aus kurzen Artikeln, die in Zeitschriften erschienen sind. Man findet nur wenige größere, eingehende Arbeiten.

Zunächst interessierte man sich außerhalb Deutschlands für Kästner. Zu nennen sind hier die Arbeiten von John Winckelmann[8] und Reinaldo Bossmann[9] aus den fünfziger Jahren. Erst 1967 erschien die erste größere bundesdeutsche Darstellung. Kurt Beutler[10] arbeitete die pädagogischen Ideen Kästners heraus, ohne sich dabei auf die Kinderbücher zu beschränken. Es folgte 1973 die Arbeit von Renate Benson[11], die das Gesamtwerk Kästners untereinander in Beziehung zu setzen versuchte. 1977 erschien die Dissertation von Dirk Walter[12], die sehr detailliert die Lyrik Kästners von 1928 - 1933 untersucht, um dessen Kritikpunkte herauszuarbeiten. Der Roman *Fabian* wird zur Untermauerung der erarbeiteten Thesen herangezogen. Auf die Kinderbücher geht er

---

[7] Rudolf Wolff, Erich Kästner, Werk und Wirkung, S. 11.
[8] John Winckelmann, Social Criticism in the early works of Erich Kästner und The poetic style of Erich Kästner.
[9] Reinaldo Bossmann, Erich Kästner, Werk und Sprache.
[10] Kurt Beutler, Eine literaturpädagogische Untersuchung.
[11] Renate Benson, Erich Kästner, Studien zu seinem Werk.
[12] Dirk Walter, Zeitkritik und Idyllensehnsucht.

kurz ein. Die Arbeit von Dieter Mank[13] untersucht Kästners Werk von 1933 – 1945 unter Beachtung der gegebenen politischen Bedingungen. Marianne Bäumler analysiert 1984 das Prosawerk und betrachtet sowohl die Kinder- als auch die Erwachsenenbücher.[14]

Im Rahmen der literaturwissenschaftlichen Arbeit der DDR erschien die umfangreiche, dabei aber unkritische Darstellung von Leben und Werk Kästners von Helga Bemmann.[15] Unter den Aufsätzen stechen die von Egon Schwarz hervor. In „Die strampelnde Seele"[16] versucht er, die Lyrik zu charakterisieren und mit dem Begriff der „Neuen Sachlichkeit" in Beziehung zu setzen, in „Fabians Schneckengang im Kreise"[17] geht er auf *Fabian* ein.

Es finden sich also diverse Untersuchungen zu Kästners Lyrik und zum Roman bei verschiedenen Autoren. Ein direkter Vergleich wurde aber bis dahin nirgendwo unternommen, es wurde lediglich immer wieder auf die bestehenden Bezüge und die gegenseitige Bedeutung füreinander hingewiesen.

Hieraus ergab sich mir eine gute Rechtfertigung und innere Aufforderung, mich damit einmal näher zu beschäftigen.

---

[13] Dieter Mank, Erich Kästner im nationalsozialisten Deutschland, 1933 – 1945: Zeit ohne Werk?
[14] Marianne Bäumler, Die aufgeräumte Wirklichkeit des Erich Kästner.
[15] Helga Bemmann, Humor auf Taille.
[16] Egon Schwarz, Die strampelnde Seele.
[17] Egon Schwarz, Fabians Schneckengang im Kreise.

Meine Anmerkungen im Jahr 2016

In den Jahren seit dem damaligen Abschluss dieser Ausarbeitung sind natürlich viele Arbeiten über Erich Kästner erschienen. Oftmals sind es biographisch ausgerichtete Texte. Einzigartig für alle weitergehend Interessierten ist die dreibändige „Bibliographie Erich Kästner" aus dem Jahr 2011, die alles enthält, was das Forscherherz höher schlagen lässt.[18]

Sind Gedichte zum Gebrauchen da?
Die Gebrauchslyrik

In diesem zweiten Abschnitt charakterisiere ich in einem Überblick die Lyrik Erich Kästners von 1928 bis 1932. Welche Themen behandelt sie, wie sind die Gedichte gestaltet, wen sprechen sie an?

Ich werde die Gedichte, zu denen ich etwas sagen möchte, jeweils mit deren Titel angeben und mit dem Fundort, also dem jeweiligen Erstveröffentlichungsband.

Das sind *Herz auf Taille*, 1928, - *Lärm im Spiegel*, 1929 - *Ein Mann gibt Auskunft*, 1930 und *Gesang zwischen den Stühlen*, 1932.

Viele der Gedichte sind zuvor an unterschiedlichen Stellen bereits veröffentlicht worden.

---

[18] Johan Zonneveld: Bibliographie Erich Kästner: mit einer ausführlichen Zeittafel und zahlreichen Fotos von Stationen seines Lebens und den literarischen Schauplätzen. 3 Bde., Aisthesis, Bielefeld 2011.

Gedichte? Worüber denn?
Die Themen der Lyrik

Kästner erlebte zunächst als Student die große Stadt Leipzig und danach dann die Groß- und Weltstadt Berlin sowie die Zeit der Zwanziger Jahre. Hierauf reagierte er mit seiner Lyrik. Und so schildern seine Gedichte eben diese Großstadt Berlin, das Leben in ihr, die verschiedenen Zeitströmungen und Moden, und natürlich die in ihr lebenden Menschen.

Versucht man, Kästners Lyrik nach Themen zu ordnen, so merkt man rasch, dass in ihr eine sehr große Anzahl von Themen angesprochen wird: Es geht um Angestellte, Bardamen, Dienstmädchen, Kellner etc., will man das Personal der Gedichte benennen. Das Leben in der Großstadt als solches wird thematisiert, wie auch Zweierbeziehungen, Sexualität, Einsamkeit und Selbstmord. Nicht zu vergessen sind die Gedichte über Krieg und Militarismus, den Zustand der Gesellschaft und den herrschenden Untertanengeist der Zeitgenossen. Darüber hinaus fehlen einige direkt autobiographische Gedichte nicht.

Kästners Lyrik beschränkt sich hierbei aber nicht darauf, die Welt allein aus der Sicht des jungen Intellektuellen zu betrachten. Kästner benutzt die Technik der Rollenlyrik, um Angehörige ganz verschiedener gesellschaftlicher Schichten zu Wort kommen zu lassen. In Monologen oder Briefen tritt der Autor ganz zurück, lässt die jeweilige Person sprechen, trifft deren Ton und weiß über deren Probleme Bescheid. Es finden sich fünfzehn dieser reinen Rollengedichte. In ihnen schildern zum Beispiel Schreibkräfte (*Chor der Fräuleins* in *Herz auf Taille*), eine Bardame (*Ansprache einer Bardame* in *Herz auf Taille*) oder ein Kellner (*Gemurmel eines Kellners*,

Lärm im Spiegel) ihre Sorgen, Probleme und Alltäglichkeiten. Ein Beispiel für diese Technik gibt der folgende Ausschnitt aus der *Ansprache einer Bardame*, (Herz auf Taille):

> *„[...]*
> *Vorhin saß einer da, der ist mit mir*
> *im Konfirmandenunterricht gewesen.*
> *Der war der erste ... Und nun steht man hier.*
> *Ich möchte manchmal im Gesangbuch lesen.*
>
> *Jetzt will ich rauchen! Dicker! Gib mir Feuer!*
> *Mein Vater war ein regelrechter Graf.*
> *Und jeder schimpft auf die Getränkesteuer.*
> *Wer will mein Freund sein? Kurt ist mir zu brav.*
> *[...]"*

Der Autor schlüpft also in die Rolle des jeweils Dargestellten, hier der Bardame. Das Ergebnis: ein solches Gedicht wirkt unmittelbar. Der sonst anwesende Autor steht nicht zwischen dem Gedicht und dem Leser. Es besteht eine relativ große Identifikationsmöglichkeit mit der im Gedicht dargestellten Person.

In anderen Gedichten, zum Beispiel in *Die unverstandene Frau (Ein Mann gibt Auskunft)* lässt Kästner die Personen ebenfalls selbst sprechen, ist aber als Autor vorhanden, indem er die äußeren Umstände schildert:

> *„[...]*
> *Er band, vorm Spiegel stehend, die Krawatte.*
> *Da sagte sie (und blickte an die Wand):*
> *"Soll ich den Traum erzählen, den ich hatte?*

Ich hielt im Traum ein Messer in der Hand.
[...]"

Es folgt die Schilderung des Traums in wörtlicher Rede der Frau, die vom Unverständnis ihres Mannes und vom Wunsch nach dem Tode spricht. Die Reaktion des Mannes schildert dann wieder der Autor:

„[...]
Er band, vorm Spiegel stehend, die Kravatte.
Und sah im Spiegel, daß sie nicht mehr sprach.
Und als er sich den Schlips gebunden hatte,
griff er zum Kamm. Und zog den Scheitel nach.
[...]".

In der Mehrzahl der Gedichte wird explizit eine Meinung ausgesprochen, ob es nun um Militarismus (*Kennst du das Land, wo die Kanonen blühn?* in *Herz auf Taille*), um das Leben in der Großstadt (*Möblierte Melancholie* in *Lärm im Spiegel*) oder um enthemmte und mannstolle Frauen (*Ball im Osten: Täglich Strandfest* in *Gesang zwischen den Stühlen*) geht. Diese Gedichte bringen klar die Stellung Kästners als Vertreter einer bestimmten Generation zum Ausdruck. Er ist der Repräsentant der jungen, vom Ersten Weltkrieg beeinträchtigten, linksbürgerlichen Intellektuellen.

Weiter finden wir Gedichte, in denen ein lyrisches Ich auftritt, das mit dem Kästners identisch zu sein scheint, Gedichte, die stark autobiographisch gefärbt sind (zum Beispiel *Jahrgang 1899* (*Herz auf Taille*) *Sergeant Waurich* (*Lärm im Spiegel*), *Primaner in Uniform* (*Ein Mann gibt Auskunft*) und *Begegnung mit einem Trockenplatz* (*Gesang zwischen den Stühlen*)).

Kästner erweist sich in seinen Gedichten als ein genauer und scharfsichtiger Beobachter und Schilderer seiner Zeit und seines Umfeldes, der mit seiner Lyrik auf eine Vielzahl der ihn berührenden und der ihm begegnenden Themen eingeht.

Wie hat Kästner das bloß gemacht?
Die Gestaltungsart der Lyrik

Kästners Gedichte sind keine hochkomplexen Wortgebilde, ganz und gar keine „L'art pour l'art". Gegen Dichter und deren Werke, die im Grunde nichts aussagen, die *günstigenfalls klingen*, in denen *nichts drin* steckt, die also *hohl klingen*[19], wendet Kästner sich in seiner *Prosaischen Zwischenbemerkung* in dem Band *Lärm im Spiegel*.

Und so sind Kästners eigene Verse also folgerichtig einfach aufgebaut. Meist handelt es sich um 4-zeilige, gereimte Strophen mit 4- oder 5-hebigen Versen, die mit Paar- oder Kreuzreim versehen sind.

Die Sätze sind kurz, klar und verständlich ausgedrückt, sie muten ‚sachlich' an. Ob sie dadurch ein Ausdruck der „Neuen Sachlichkeit" sind, ist eine ganz andere Frage.[20]

Vielfach verwendet Kästner Umgangssprachliches. Wortspielereien benutzt er mit erkennbarer Vorliebe, klassische Zitate, leicht verändert, baut er oftmals ein. Auch Beispiele für – meist frivole – Zweideutigkeiten sind leicht aufzufinden.

Versucht man, diese Gedichte in literarische Kategorien einzuordnen, dann gelangt man schnell zu dem Begriff der Satire. Die Satire, mit der Kästner die gesellschaftlichen und politischen Zustände kritisieren will, baut er mit den Mitteln der Ironie, des Zynismus und des Sarkasmus auf.

---

[19] Erich Kästner, Lärm im Spiegel, Prosaische Zwischenbemerkung, S. 46.

[20] Für die Problematik, ob Kästners Gedichte der „Neuen Sachlichkeit" zugehören, beziehungsweise was die „Neue Sachlichkeit" genau ist, siehe H.Lethen, „Neue Sachlichkeit 1924-1932" und J.Hermand, „Einheit in der Vielheit?"

Auch groteske Züge hält die Lyrik bereit. Dieses Groteske gefiel bereits dem jungen Erich Kästner ausgesprochen gut. So gut, dass er bereits 1926 die Absicht geäußert hat, einen ganzen Band seiner „Grotesken Gedichte" herauszugeben.[21]

Beschränkt man sich aber auf eine solche übergreifende Charakterisierung als Satire, dann wird man den Gedichten nicht in Ihrer Gesamtheit gerecht. Teilweise bieten sie einfach realistische Beschreibungen, die auch mal ins Rührselig-Sentimentale gleiten. Dort ist dann nicht viel an Gesellschaftskritik auszumachen.

---

[21] „Mein liebes, gutes Muttchen, Du!, S. 38.

Wer hat all die Gedichte gelesen?
Die Rezipienten der Lyrik

Über die Leser, die Rezipienten der Lyrik Kästners liegen meines Wissens keine detaillierten Untersuchungen vor. Fest steht, dass die Lyrik für Gedichtbände unverhältnismäßig hohe Auflagen erreichte. Dies ging sowohl auf die Themen zurück als auch auf die Machart, auf den berühmten „Kästner-Ton". Seine Gedichte sprachen weite Kreise der Bevölkerung an, anders als Gedichte das sonst zu tun pflegen. Interessant ist die Frage nach den Lesern auch in Hinsicht auf den *Fabian*, mit dem Kästner sich vermutlich an dasselbe Publikum wandte.

Der berühmte Kritiker Walter Benjamin sieht die Rezipienten von Kästners Lyrik allerdings ziemlich eingeschränkt. Er spricht von einer „Zwischenschicht – Agenten, Journalisten, Personalchefs – ...", als der „Schicht, der der Dichter etwas zu sagen hat".[22] Weiter behauptet er, „Kästners Gedichte sind Sachen für Großverdiener".[23] Hiergegen spricht, dass, wie die Literaturwissenschaftlerin aus der damaligen DDR Helga Bemmann bemerkt, auch die „Arbeiterschaft und deren Presse ihn als einen der Ihrigen betrachtete".[24] Dirk Walter stimmt dem zu. Er spricht von einem „breiten Publikum" und davon, dass „Teile der Arbeiterschaft und des kleinen Bürgertums zur Leserschaft zählten".[25]

Vergessen darf man auf keinen Fall, dass viele Gedichte Kästners vertont und im Kabarett vorgetragen wurden. Er

---

[22] Walter Benjamin, Linke Melancholie, S. 279.
[23] Walter Benjamin, Linke Melancholie, S. 279.
[24] Helga Bemmann, Humor auf Taille, S. 104.
[25] Dirk Walter, Zeitkritik und Idyllensehnsucht, S. 223.

schrieb auch „prominenten Diseusen ‚auf den Leib‘".[26] Das Kabarettpublikum ist also ebenfalls zu seinen Rezipienten zu zählen. Und auch im Massenmedium Rundfunk hatte er größten Erfolg, insbesondere mit der Funkrevue *Leben in dieser Zeit*, die sogar, obwohl ein Hörspiel, in sehr vielen Theatern aufgeführt wurde.

Man kann völlig zurecht von einem ausgesprochen breitgefächertem Rezipientenkreis der Lyrik Erich Kästners sprechen.

---

[26] Reinhard Hippen, Kabarett zwischen den Kriegen, S. 99f.

Was wollte Kästner erreichen?
Die Intention der Lyrik

Die Frage stellt sich, was Kästner mit seiner Lyrik erreichen wollte. Wollte er nur beschreiben, unterhalten, zum Lachen anregen? Gewiss nicht nur. Auch wenn es teilweise so aussehen mag, als handelte es sich lediglich um eine Beschreibung, so versuchte er doch immer auch die Ursachen der geschilderten Zustände aufzudecken. Wenn er sagt, *Beschreibung ist Erklärung genug*[27], so heißt das, dass der Leser mitdenken muss. Kästners Lyrik regt zum Mit- und Nachdenken an, und damit auch zum Reflektieren über den eigenen Zustand. Besonders, da die geschilderten Zustände ja alltägliche sind und insofern den Leser unmittelbar betreffen.

Die Gedichte Kästners „beschreiben die äußeren und inneren Befindlichkeiten des ‚Durchschnittsmenschen' in der modernen Industrie- und Massengesellschaft", sie sind eine „Stellvertreter-Lyrik" meint Helmut Kiesel.[28] Durch die damit bewirkte Identifikation sollen sie zu „Mitleid, Solidarität, Hilfe" anregen.[29]

Es geht also über eine bloße „Trostfunktion" der Lyrik hinaus, die Walter Benjamin den Gedichten lediglich zusprechen möchte, wenn er sagt, dass ihre Funktion darin bestehe, den Leser „mit sich selbst zu versöhnen".[30] Dirk Walter sieht ebenfalls mehr als eine Trostfunktion. Er spricht von einer

---

[27] Erich Kästner, Als ich ein kleiner Junge war, Gesammelte Werke Band 4, S. 136.
[28] Helmut Kiesel, Erich Kästner, S. 86.
[29] Ebd., S. 86.
[30] Walter Benjamin, Linke Melancholie, S. 283.

beabsichtigten Formung des „politischen Bewußtseins" bei den Rezipienten.[31]

Durch die Bewußtmachung des eigenen Zustands soll Solidariät erzeugt werden. Ein Aufruf zum Klassenkampf, beziehungsweise gar zu einer Revolution ist es aber beileibe nicht, sondern ein Appell zum Miteinander, auch zum klassenübergreifenden Miteinander. Ähnliches ‚predigt' Kästner auch den Kindern, zum Beispiel in *Pünktchen und Anton*, und später, 1934, auch wieder den Erwachsenen, in *Drei Männer im Schnee*. Hier unterstützt der ‚gute' Millionär den armen, aber talentierten Arbeitslosen.

Kästner will eine Solidarität bewirken, die quer durch die gesellschaftlichen Klassen geht. In seiner *Ansprache für Millionäre* (*Ein Mann gibt Auskunft*) verleiht er seiner Meinung Ausdruck und richtet einen Appell an die Reichen, *vor* einer durchaus möglichen Revolution die Welt zu verbessern:

> „[...]
> *Warum wollt ihr die Welt nicht ändern,*
> *b e v o r sie kommen?*
> *[...]*"

Kästner, der Aufklärer, der Lehrer, weist sie auf ihren eigenen Vorteil hin:

> „[...]
> *Ihr sollt nicht gut sein, sondern vernünftig.*
> *Wir sprechen von Geschäften.*
> *Ihr helft, wenn ihr halft, nicht etwa nur ihnen.*
> *[...]*".

---

[31] Dirk Walter, Zeitkritik und Idyllensehnsucht, S. 224.

Kästner spricht hier, wie an vielen anderen Stellen – ich gehe später im Abschnitt ‚Vernunft' weiter darauf ein – von seiner Haupthoffnung, vielleicht kann man auch sagen: von seiner ‚Lebenshoffnung', dass die Menschen eines Tages doch noch vernünftig werden könnten. Außerdem spürt man in diesem, in seinem Gesamtwerk zentral stehenden, Gedicht eine große unterschwellige eigene Angst vor einer Revolution. Kästners Sehnsucht ging in eine andere Richtung: Er wollte eine menschenwürdige Reformation.

Auch wenn in Kästners Gedichten oftmals Resignation und Bitterkeit herrschen, spürt man doch durchgängig die Hoffnung auf eine Besserung der Menschheit. Warum sollte er sonst ein Gedicht nach dem anderen schreiben? Kästner setzte dabei besonders auf die Kinder.

Und verfasste ein Kinderbuch nach dem anderen.

Eine besondere Beziehung
Der Roman *Fabian* und die Gedichte

Solange es Kästners Roman *Fabian* gibt, wird auf die Beziehungen zu dessen Lyrik hingewiesen. Der jüdische Schriftsteller Robert Neumann, dessen Bücher wie die von Kästner von den Nationalsozialisten verboten wurden, sprach schon 1931 in einer Parodie auf Kästner von dem *Fabian* als von „zu Prosa gewalzten Kästnergedichten".[32]

Die Germanistin Renate Benson bemerkt, dass viele Gedichte „schon Themen des *Fabian* vorweg" nehmen würden[33] und Helmut Kiesel stellt fest, dass der *Fabian* „stilistisch und inhaltlich auf der zuvor verfassten ‚Gebrauchslyrik' aufbaut" und bezeichnet den Roman als „Imitation der Gedichte".[34] Diese exemplarischen Aussagen sollen für alle übrigen stehen.

Trotz dieser vielfach angebrachten Feststellungen gibt es aber bisher[35] keine Untersuchung, die einen detaillierten Vergleich zwischen der Lyrik und dem Roman anstellt und herausarbeitet, welche Bedeutung die Kenntnis der Gedichte für eine Beurteilung des Romans hat. Am weitesten ist Dirk Walter in seiner Untersuchung „Zeitkritik und Idyllensehnsucht" gegangen. Er zieht den *Fabian* laufend hinzu, um Erich Kästners politische und weltanschauliche Positionen zu bestimmen, er benennt einige Gemeinsamkeiten und Unterschiede zwischen Lyrik und Roman, geht

---

[32] Robert Neumann, „Ein Sohn, etwas frühreif" aus: Mit fremden Federn, Berlin(Ost) 1965.
[33] Renate Benson, Erich Kästner, S. 114.
[34] Helmut Kiesel, Erich Kästner Autorenbuch, S. 87.
[35] Das ist der Stand im Jahr 1984. Sollte jemand diesen Aspekt seitdem bearbeitet haben freue ich mich über einen Hinweis darauf. Wolfgang Bremer, Anfang 2016.

diesen Beziehungen dann aber nicht weiter nach. Er beschränkt sich darauf, einige Aspekte des Romans zu beschreiben, wie die Wirkungsintention und Fabians Traum.

Ich stelle im folgenden die Beziehungen zwischen der Lyrik und dem Roman im einzelnen heraus und interpretiere den *Fabian* aufgrund der gewonnenen Erkenntnisse im darauf folgenden Abschnitt.

Episoden über Episoden
Der Aufbau von Roman und Lyrik

Der Roman *Fabian* ist aus einer Vielzahl von Einzelepisoden zusammengesetzt. Der Held Jakob Fabian wird von einer zur nächsten getrieben. Sinn dieser Aneinanderreihung ist es, die Großstadt in ihrer Fülle von Möglichkeiten möglichst weitgehend darzustellen. Dazu gehört eine Schilderung der Vergnügungszentren der Stadt genauso wie die des kleinbürgerlichen Nordens sowie des Westens der Stadt mit den Villen der reicheren Gesellschaftsschichten.

Der Held des Romans ist ein junger Intellektueller mit dem Namen Jakob Fabian. Dieser verkörpert nicht unbedingt ein Individuum, sondern vielmehr eine gesellschaftliche Schicht, nämlich die der „ökonomisch ungesicherten und politisch nicht parteigebundenen Intelligenz".[36]

Der Ablauf des Romans erscheint teilweise etwas zufällig und unmotiviert. Dirk Walter spricht von einer vorhandenen „gestalterischen Not", die zum Beispiel in den vielen „Einladungen" spürbar werde.[37] Dem ist entgegenzuhalten, dass diese rasche Abfolge andererseits die Hektik und Geschwindigkeit der Großstadt aufzeigen soll und dies auch vollbringt.

Das Aufeinanderfolgen der einzelnen Episoden würde weniger gewollt erscheinen, wären die Erlebnisse auf mehrere „Fabiane" verteilt, etwa im Stil der Romane „Manhatten Transfer" von John Dos Passos oder „Käsebier erobert den Kurfürstendamm" von Gabriele Tergit, die beide der gleichen Zeitperiode entstammen (1925 bzw. 1931). Diese

---
[36] Helmut Kiesel, Erich Kästner Autorenbuch, S. 93.
[37] Dirk Walter, Zeitkritik und Idyllensehnsucht, S. 246.

beiden Romane, deren Aufbau und Stil an die Technik des Films erinnern, bewerkstelligen es, nebeneinander mehrere Hauptpersonen zu verfolgen. Mit Hilfe einer vergleichbaren Technik wäre es auch möglich gewesen, mehrere gesellschaftliche Schichten authentisch darzustellen, so wie Kästner es in seiner Lyrik versucht hat. Das ist bei dem für den *Fabian* gewählen Format so nicht möglich. Auch wenn beim Roman *Fabian* durchaus eine Ähnlichkeit mit einem Film vorhanden ist. Der Wiener Kabarettist Werner Schneyder hat in seinem Kästner-Buch „Erich Kästner. Ein brauchbarer Autor" darauf hingewiesen, wenn er sagt, „das Buch ist gebaut wie ein Film, ist eigentlich ein verkapptes Filmbuch". Umso erstaunlicher ist es, dass es bis zu dem Jahr 1979 gedauert hat, bis das Buch verfilmt wurde.[38]

Kästner wollte aber die Großstadt aus der Sicht *eines* Mannes darstellen und dessen Entwicklung beschreiben.

Aus diesen Einzelepisoden, die Fabian – und teilweise sein Freund Labude – durchleben, setzt sich ein umfassendes Zeitbild zusammen. Seinen Freund Labude kann man als zweites Ich Fabians bezeichnen, das andere Lebensmöglichkeiten des Intellektuellen ausprobiert, wie zum Beispiel eine akademische Laufbahn, die Übernahme politischer Aktivitäten und den Selbstmord als letzten Ausweg. Kurt Beutler bezeichnet Fabian und Labude als „zwei Varianten einer Konzeption".[39] Man möchte daran anschließen: zwei Varianten möglicher Lebensauffassungen des Autors Erich Kästner.

---

[38] Verfilmt als „Fabian" von Wolf Gremm, 1979.
[39] Kurt Beutler, Erich Kästner. Eine literaturpädagogische Untersuchung, S. 128.

Ähnlich verhält es sich mit den Gedichten. In ihnen werden, wie oben beschrieben, viele Aspekte des Großstadtlebens dargestellt. Im einzelnen Gedicht jeweils „kleine überschaubare Ausschnitte"[40] des Lebens. Sie wirken aber erst richtig zusammen gesehen: „Die Menge tut es. Das sind keine einzelnen Gedichte mehr, das sind Kollektionen von Gedichten, die zur Biographie ganzer Klassen und Schichten von Deutschen gehören."[41]

Hier ist anzumerken, dass die vier Lyrikbände vom Aufbau her keine großen Unterschiede aufweisen. In allen vier Sammlungen sind die Themen bunt gemischt, auch stilistisch sind keine Unterschiede auszumachen. Weltanschauliche Differenzierungen sind nicht vorhanden.

Als Ganzes gesehen liefern die Gedichte ein vielschichtiges Gemälde der Zeit, das noch weitergeht als der *Fabian*. Während in diesem die alleinige Sichtweise der Intellektuellen zum Ausdruck gebracht wird, kommt in den Gedichten, wie oben dargestellt, mit Hilfe der Rollenlyrik gleichfalls die Sichtweise anderer Gesellschaftsschichten zur Sprache.

---

[40] Volker Klotz, Lyrische Anit-Genrebilder, S. 482.
[41] Hermann Kesten, Umschlagtext zu Herz auf Taille, München/Zürich 1980.

Worum geht es?
Die Themen von Roman und Lyrik

In diesem Abschnitt nehme ich wichtige Einzelaspekte genauer unter die Lupe, die sowohl in der Lyrik als auch im Roman eine Rolle spielen, und die für eine weiterführende Interpretation des *Fabian* von Bedeutung sein werden.

Sexualität

Einen großen Raum im Roman nimmt die Thematisierung der Sexualität ein. Angefangen bei dem Anbahnungsinstitut für sexuelle Beziehungen der Frau Sommer, inklusive der einducksvollen Figur der Irene Moll, über Haupts Säle, das Atelier der Ruth Reiter und der Wohnung der kleinbürgerlichen Frau Hetzer in der Müllerstraße bis hin zum Provinzbordell spielen diese allein für nicht-emotionale Sexualität vorbehaltenen Orte eine wichtige Rolle.

Aber auch die andere, die hochemotionale, Spielart der Sexualität findet in der kurzen Beziehung zwischen Cornelia und Fabian Raum. Diese Sexualität weist, im Gegensatz zu der oben dargestellten, starke idyllische Züge auf.

Aber zumeist wird Sexualität zum einen als Zeitvertreib und als Gier nach Lust aufgefasst, verkörpert im Prototyp der Figur der Irene Moll. Zum anderen als Mittel des Vergessens von Enttäuschungen, verkörpert in der Figur des Labude, der sich mit *der Kulp* vergnügt, so wie Fabian Ablenkung bei der kleinbürgerlichen Frau Hetzer sucht. In einem Aufsatz rechtfertigt Kästner seine Darstellung von Sexualität damit, dass *die Erotik [...] beträchtlichen Raum beanspruchen mußte*, damit, dass er *die Proportionen des Lebens wahren* wollte.[42]

Dass Kästner bei dieser negativ behafteten Schilderung der sexuellen Auswüchse der Großstadt aber kein Sittenprediger ist, beweist die freizügige, dabei aber liebevolle, Zärtlichkeit und Gefühl verspüren lassende Schilderung der Beziehung Fabians zu Cornelia. Hier ist eine Zärtlichkeit vorhanden, die ansonsten fehlt. Allein schon der Satz

> *Als sie nebeneinander im Bett lagen, ([...]*
> *während er ihr mit den Händen übers Gesicht strich*
> *und dabei die Augen schloß, um das Gepräge*
> *des Gesichts zu spüren [...]*[43]

drückt diese tief empfundene Zärtlichkeit aus.

Der Ton der sonstigen Beschreibungen von Sexualität ist gut in der Bezeichnung zusammengefasst, die Herr Moll bei der Vorstellung Fabians benutzt: Er spricht von ihm als *Neuerwerbung*.[44] Es handelt sich um käufliche, unemotionale und versachlichte Beziehungen, die durch ebensolches Vokabular beschrieben werden.

In der Lyrik herrscht ein einseitigeres Bild vor. Da Kästner fast ausschließlich negative Zweierbeziehungen schildert, wird folglich keine erfüllende Sexualität beschrieben. In der Beschreibung der negativen, aus dem Ruder gelaufenen, Sexualität stimmt die Schilderung in der Lyrik mit der des Romans überein, wobei anzumerken ist, dass Kästner

---

[42] Erich Kästner, Fabian und die Sittenrichter, in: Gesammelte Schriften für Erwachsene, Bd. 2, S. 197ff.
[43] Fabian, in: Gesammelte Schriften, Band 2, S. 86.
[44] Ebd., S. 18.

hier wie dort besonders die *aufdringlichen* Frauen kritisiert, die im Roman exemplarisch in der Figur der Irene Moll dargestellt sind. Zur Beschreibung der Frau Moll eignet sich ein Ausschnitt des Gedichts *Ballgeflüster* gut:

> „[...]
> *Ich schlafe mit allen möglichen Herrn,*
> *nur nicht mit dem eigenen Mann. [...]*
> *Ich liebe nach neuester Mode.*
> *Ich kenne den dernier cri.*
> *Ich beherrsche jede Methode.*
> *[...]*"[45]

Diese bissige Kritik an solchen *sexuell enthemmten* Frauen, aber auch gleichzeitig an den vorhandenen Zeitströmungen, die ein solches Wesen propagieren (*Gefühl ist mir gänzlich fremd*[46]), stimmt mit der im *Fabian* nachweisbaren Kritik überein. Nicht umsonst legt Kästner Wert darauf, dass es Irene Moll nicht gelingt, Fabian zu verführen, obwohl er ihr im Roman immer wieder über den Weg läuft. In dieser Hinsicht hat Kästners Figur Fabian ‚sauber' zu bleiben.

Vergleichbare andere aufdringliche, nach *neuester Mode* liebende Frauen tauchen in der Lyrik häufig auf, zum Beispiel in *Polly oder Das jähe Ende* in *Lärm im Spiegel*, *Schicksal eines stilisierten Negers* (*Ein Mann gibt Auskunft*) oder *Ball im Osten: Täglich Strandfest* (*Gesang zwischen den Stühlen*). Diese weiblichen Protagonisten sind durchweg negativ dargestellt. Der ‚unschuldige' Mann soll, mehr oder weniger ironisch, vor diesen Frauen gewarnt werden:

---

[45] Herz auf Taille, S. 62.
[46] Ebd., S. 62.

Deutscher Jüngling, scher dich fort!
Stürz nach Hause! Treibe Sport![47]

Dieses zuletzt angeführte Gedicht bietet im übrigen eine genaue Schilderung der bestehenden Zustände in den Vergnügungsetablissemts, die im Roman *Fabian* als *Haupts Säle* bezeichnet werden. Hier dient das Gedicht also als Ausschmückung der im *Fabian* gebotenen Beschreibung.

Ein Gedicht fällt aus dem Rahmen der übrigen ganz heraus. In *Moralische Anatomie* (*Herz auf Taille*) wird eine junge Intellektuelle (eine Studentin) geschildert, die sich für eine freie, nicht sittenstrenge Sexualität ausspricht, die viel Erfahrung hat – sie wird als *kenntnisreich* bezeichnet – und die so modern ist, auf die Verhütung einer Schwangerschaft zu achten, ja sogar mit dem Partner darüber zu sprechen. Diese Spielart der modernen Frau, bei der die Erotik noch nicht *zur Routine* verzerrt ist[48], wird überhaupt nicht verurteilt, was sich durch den Satz *Manchmal besucht sie mich noch*[49] verdeutlicht wird. Hier ist der Frauentyp beschrieben, der in dem Roman zunächst durch Cornelia verkörpert wird, bis sie sich schließlich auch ‚verkauft'.

Auf eine weitere Spielart der Sexualität ist noch einzugehen, auf die der gleichgeschlechtlichen Liebe. Im Roman wird die Bar ‚Cousine' geschildert. Dort verkehren lesbische Frauen, die teilweise den Männern durch die Kleidung ähnlich sein wollen, zusammen tanzen, Arm in Arm sitzen. Der sonst so tolerante Fabian bezeichnet die lesbischen Frauen

---

[47] Gesang zwischen den Stühlen, S. 39.
[48] K.A.Horst, Erich Kästner: Naivität und Vernunft, S. 1185.
[49] Herz auf Taille, S. 80.

als *gebürtige Abnormitäten*[50] und versucht die Anwesenheit anderer Frauen damit zu erklären, dass sie mit *Männern nur böse sind.*[51] Hieraus spricht eine starke Intoleranz gegenüber der Homosexualität und eine bürgerlich anmutende, oberflächliche Suche nach Erklärungen für dieses Phänomen.

Unter den Gedichten findet sich wiederum eines, das hierzu herangezogen werden kann. In dem Gedicht *Ragout Fin de Siecle* (*Ein Mann gibt Auskunft*) wird ebenfalls ein Homosexuellen-Lokal geschildert. In diesem verkehren sowohl Männer als auch Frauen. Kästner spricht von *lauter Perversion*, dass *man sich an den Kopf* greift. Er kritisiert, dass Homosexuelle sich *für tolle Kerle* halten und dies auch noch laut heraussagen. Das Zurschaustellen mißfällt ihm. Diejenigen Bemerkungen in dem Gedicht, die Toleranz bekunden sollen, wirken aufgesetzt, fast schon abfällig:

> *Von mir aus, schlaft euch selber bei! [...]*
> *Mir ist es einerlei.*[52]

Kästner kritisiert also sowohl in der Lyrik als auch im Roman die unemotionale Sexualität der Zeit, und besonders die der Homosexuellen. Auf Werten wie Treue und Gefühl basierende Zweierbeziehungen bewertet er positiv. Und diese Beziehungen stellte Kästner alles andere als prüde dar.

---

[50] Fabian, in: Gesammelte Schriften, Band 2, S. 79.
[51] Ebd., S. 80.
[52] Ein Mann gibt Auskunft, S. 18.

Kästners Menschenbild

Eine sehr interessante Frage ist die nach Kästners Menschenbild, genauer, ob sich Fabians sehr negatives Menschenbild in dieser Form in der Lyrik wiederfinden lässt.

In seiner zynischen Art sagt Kästner:

> *Man halte hier jeden Menschen, mit Ausnahme der Kinder und der Greise, bevor das Gegenteil nicht unwiderleglich bewiesen ist, für verrückt.*[53]

Diese Ansicht auf die Menschen ist im Roman durchgängig gestaltet. Damit einher geht Fabians Einschätzung der Menschheit überhaupt und deren Entwicklung. Hierfür steht leitmotivisch die Zeichnung von Daumier „Der Fortschritt", die im Roman beschrieben wird. In ihr wird die menschliche Entwicklung dargestellt: Schnecken, die im Kreise kriechen. Dieses Bild sagt aus, dass die Entwicklung der Menschheit zum einen unendlich langsam vor sich geht und zum anderen aber im Kreise verläuft, das heißt, im Grunde überhaupt nicht voran kommt. Die Menschheit zeigt keine Veränderung oder Entwicklung. Der scheinbare Fortschritt ist keiner.

Dies wird gleichfalls in Fabians zentralem Traum ausgedrückt, wenn in ihm die Menschen als urzeitlich beschrieben werden: Sie haben einen *goldenen Ring durch die Nase gezogen*, sind behaart wie *Gorillas*[54] und haben *Affenarme*.[55] Dies kann nichts anderes ausdrücken als einen zurückgebliebenen, unentwickelten Zustand der Menschheit.

---

[53] Fabian, in: Gesammelte Schriften, Band 2, S. 84.
[54] Ebd., S. 122.
[55] Ebd., S. 123.

Eine dritte Ansicht Fabians dem Menschen an sich gegenüber ist die, dass die Menschen gar nicht anders könnten, als sich gegenseitig umzubringen. Es gäbe nur die *zwei Möglichkeiten*, sagt er:

> *Entweder ist man mit seinem Los unzufrieden, und*
> *dann schlägt man einander tot, um die Lage*
> *zu verbessern, oder man ist, und das ist eine rein*
> *theoretische Situation, im Gegenteil mit sich*
> *und der Welt einverstanden, dann bringt man sich*
> *aus Langeweile um.*[56]

Diese Ansichten Fabians finden sich in der Lyrik wieder. Kästner benutzt bereits in seinem ersten Gedicht, das den Zustand der Menschheit behandelt, *Die Welt ist rund* in *Herz auf Taille* das bei ihm immer wieder auftauchende Bild des Kreises, der Entwicklungslosigkeit:

> *Die Welt ist rund. Denn dazu ist sie da.*
> *Ein Vorn und Hinten gibt es nicht.*
> *Und wer die Welt von hinten sah,*
> *der sah ihr ins Gesicht!*

Dieses Bild ist mit dem der Schnecken im Kreise vergleichbar. Auch sind viele Gedichte in Kreisform aufgebaut: in der ersten und der letzten Strophe werden die gleichen Sätze oder Begriffe verwendet, so dass derselbe Eindruck, der der Entwicklungslosigkeit, des Stillstands eintritt.

In dem Gedicht *Die Entwicklung der Menschheit* in *Gesang zwischen den Stühlen* beschreibt Kästner ebenfalls diese Ent-

---

[56] Fabian, in: Gesammelte Schriften, Band 2, S. 68.

wicklungslosigkeit. Es beginnt mit den auf den Bäumen hockenden Affen und endet in der hochtechnisierten Welt. Kästners Resümee:

> *[...]*
> *bei Lichte betrachtet sind sie im Grund*
> *noch immer die alten Affen.*[57]

Das Bild der *alten Affen* findet sich wie gezeigt im Traum Fabians wieder, es wird hier in der Lyrik aber deutlicher ausgeführt.

Die Ansicht Fabians, dass die Menschen sich aus Langeweile umbringen würden, die er auch gegenüber seinem Freund Labude, der der Aufklärung anhängt und der die Welt politisch verändern will, an anderer Stelle nochmals ausspricht, wenn er sagt:

> *Noch in deinem Paradies werden sie sich*
> *die Fresse vollhauen*[58],

findet sich in dem Gedicht *Kleine Sonntagspredigt* in *Lärm im Spiegel* wieder. Hier wird die von Fabian angesprochene Langeweile, besonders die des Sonntags, genauer beschrieben. Die Menschen werden als träge dargestellt, sie wären
nicht geeignet, nichts zu machen![59]

---

[57] Gesang zwischen den Stühlen, S. 7.
[58] Fabian, in: Gesammelte Schriften, S. 46.
[59] Lärm im Spiegel, S. 72.

Die Schlussstrophe lautet:

> *[...]*
> *Lebten sie im Paradiese,*
> *ohne Pflicht und Ziel und Not,*
> *wär die erste Folge diese:*
> *Alle schlügen alle tot.*

Die Menschen könnten nicht ohne Beschäftigung, ohne Zeitvertreib leben, es fehlt ihnen an Geist, ihre Zeit sinnvoll auszufüllen. Insofern müssten sie sich erst verändern, um in der von Labude gedachten Gesellschaft sinnvoll mitarbeiten zu können. Hieraus ließe sich ableiten, dass Kästner in der zentralen Streitfrage des Romans: *Muss man die Menschen oder das System zuerst verändern?*[60], die Meinung Fabians vertritt: dass man zunächst die Menschen zu verändern hätte. Was von Kästner an verschiedenen Stellen als aussichtslos angeprangert wird.

Die in der Lyrik vertretene zynische Schlussfolgerung, am besten wäre es, es gäbe keine Menschen mehr, findet sich in einer Reihe von Gedichten. Zum Beispiel in *Die Welt ist rund* (*Herz auf Taille*):

> *[...]*
> *Und alle Dummen fielen ins Klosett!*
> *Dann gäb es keine Menschen mehr.*
> *Dann wär das Leben nett.*[61]

---

[60] Fabian, in: Gesammelte Schriften, Band 2, S. 46.
[61] Herz auf Taille, S. 25.

Weitere Beispiele sind *Zeitgenossen, haufenweise* in *Lärm im Spiegel*: *Man sollte kleine Löcher in sie schießen!*[62] und *Misanthropologie* in *Ein Mann gibt Auskunft*. In letzterem wird die Menschheit als *Hautkrankheit des Erdenballs* bezeichnet[63], die folglich zu beseitigen sei.

In dem Roman *Fabian* wird die Krankheitsmetapher ebenfalls mehrmals benutzt, aber nicht direkt im Hinblick auf die Menschheit, sondern allgemeiner. Benutzt werden die Ausdrücke *Schwindsucht* und *Paralyse*[64], *Hungertyphus*[65] und *Krätze*[66], um den Zustand der Welt beziehungsweise der Zeit zu beschreiben. Diese allgemeiner gehaltenen Bezeichnungen im *Fabian* lassen den Schluss zu, dass die Erde noch zu retten sei, während die Aussage der Gedichte nur die Folgerung zulässt, dass Frieden auf Erden nur ohne den Menschen möglich sei.

Diese Ansicht vertreten ebenfalls zwei weitere Gedichte, die man als Utopien bezeichnen könnte. In *Ein Kubikkilometer genügt* (*Gesang zwischen den Stühlen*) schlägt das lyrische Ich vor, eine einen Kubikkilometer große Kiste zu bauen, in der die ganze Menschheit Platz hätte, und diese dann im Meer zu versenken. In dem anderen, *Das letzte Kapitel* (*Ein Mann gibt Auskunft*) ist es ähnlich: Um *die Erde endlich still und zufrieden*[67] zu machen, müsste die gesammte Menschheit vernichtet werden. Kästners Freund und Illustrator Erich Ohser

---

[62] Lärm im Spiegel, S. 16.
[63] Ein Mann gibt Auskunft, S. 54.
[64] Fabian, in: Gesammelte Schriften, Band 2, S. 32.
[65] Ebd., S. 57.
[66] Ebd., S. 101.
[67] Ein Mann gibt Auskunft, S. 97.

hat diesen Zustand in der dazugehörigen Illustration in der Weise dargestellt, dass zwischen den Skeletten der Menschen Blumen empor wachsen. Auch hier sind die Menschen wiederum die Wurzel allen Übels.

Dieses aufgezeigte und in den Gedichten sehr deutlich geschilderte Menschenbild kann die Ansichten Fabians, die über den Roman verteilt andeutungsweise zum Ausdruck kommen, gut erhellen.

Diese in Roman und Lyrik von Bitterkeit gezeichneten Ansichten des Autors darf man aber nicht, wie oben bereits gesagt, als totale Resignation missverstehen, sondern muss sie als Aufforderung Kästners an die Menschen betrachten, das Gegenteil zu beweisen.

Der vorherige und der nächste Krieg

Der Krieg als Jugenderfahrung und als Angstvorstellung für die Zukunft spielt sowohl in der Lyrik als auch im *Fabian* eine wichtige Rolle. Eng damit im Zusammenhang steht Kästners vehemente Kritik am deutschen Militarismus und dem Untertanengeist seiner Zeitgenossen.

In den Gedichten schildert Kästner seine Jugenderfahrungen mit dem Krieg, beziehungsweise dem Militarismus: *Jahrgang 1899* (*Herz auf Taille*), *Primaner in Uniform* (*Ein Mann gibt Auskunft*) und *Sergeant Waurich* (*Lärm im Spiegel*).

Hierin finden sich einige Motive, die im *Fabian* wieder auftauchen, als dieser seine Heimatstadt, und dort seine ehemalige Schule sowie die Kaserne, aufsucht. Sergeant Waurich, den es in der Realität gab und dem Kästner sein Herzleiden zu verdanken hat, erscheint im Roman als ein *gewisser Knorr*.[68] Es wird Kästners beziehungsweise Fabians unerbittlicher Haß auf ihn sichtbar, und die Trauer, sich, in der Figur Fabians, nicht anders an ihm rächen zu können, als dadurch, ihm auf die Hühneraugen zu treten. In der Erzählung *Duell bei Dresden* behandelt Kästner dieses Thema erneut, wobei die Menschenschinderei noch verstärkt verdeutlicht wird.

Bedeutender ist aber die Warnung vor einem neuen Krieg. Allenthalben sieht Fabian Anzeichen dafür. Zur Erinnerung: Der Roman ist 1931 erschienen.

Er benennt Europa als *einen Wartesaal*[69], er stellt die Frage, wann *es wieder Krieg* geben würde[70] und versucht durch die

---
[68] Fabian, in: Gesammelte Schriften, Band 2, S. 189.
[69] Ebd., S. 53.
[70] Ebd., S. 54f.

Schilderung *der verstümmelten Soldaten, [...] der Männer ohne Gliedmaßen [...], ohne Nasen, ohne Münder*[71] zu warnen.

Eindringlicher wird diese Absicht Kästners in der Lyrik durchgeführt. In einer ganzen Reihe von Gedichten greift er den deutschen Militarismus an: Er nennt Deutschland *ein Land, wo die Kanonen blühn*, wo alles, was man baut *stets Kasernen* werden[72], wo man Kinder *bloß so als Kanonenfutter* benutzt.[73]

Besonders eindringlich und aufrüttelnd wird die Warnung in den Gedichten *Stimmen aus dem Massengrab* (*Herz auf Taille*) und *Verdun, viele Jahre später* (*Gesang zwischen den Stühlen*). In ihnen lässt der Autor die Toten sprechen und die Lebenden vor dem Krieg in einer sehr berührenden Weise warnen:

> *Vier Jahre Mord [...]*
> *Verdammt, wenn Ihr das je vergeßt!*[74]

Und: *[...]*

> *Auf den Schlachtfeldern von Verdun*
> *wachsen Leichen als Vermächtnis.*
> *Täglich sagt der Chor der Toten:*
> *„Habt ein besseres Gedächtnis!"*[75]

Als weitere Warnung beschwört Kästner die Vision einer totalen Vernichtung der Menschheit in *Das letzte Kapitel* (*Ein*

---

[71] Fabian, in: Gesammelte Schriften, Band 2, S. 54.
[72] Herz auf Taille, S. 40.
[73] Ebd., S. 7.
[74] Herz auf Taille, S., 109.
[75] Gesang zwischen den Stühlen, S. 82.

Mann gibt Auskunft) herauf. Ein vergleichbares Bild verwendet er in dem Traum Fabians, den er in einem apoklyptischen Weltuntergang enden lässt, aus dem als einziger nur ein kleines Kind gerettet wird.

Die Lyrik und der Roman stimmen hier also weitgehend überein. Einen besonderen Akzent setzt Kästner in der Lyrik allerdings, der im Roman fehlt. Während der Roman, bis auf den Schluss, als hoffnungslos erscheint, macht Kästner in zwei Gedichten utopische Vorschläge. In *Phantasie von Übermorgen* (*Lärm im Spiegel*) lässt er *die Frauen: Nein!* sagen[76] zum nächsten Krieg und ihn damit verhindern. In *Das ohnmächtige Zwiegespräch* (*Gesang zwischen den Stühlen*)[77] wird der nächste Krieg dadurch verhindert, dass sämtliche Befehlshaber und Waffenlieferanten in einer Art Guerilla-Aktion kurzerhand erschossen werden. In diesem Text erweist Erich Kästner sich fast beängstigend genau mit seiner Prognose. Er datiert den geplanten Ausbruch des *nächsten Krieges* auf das Jahr 1940.

---

[76] Lärm im Spiegel, S. 19.
[77] Gesang zwischen den Stühlen, S. 92.

Tag- und Nacht-Träume

Der großangelegte Traum im *Fabian*, der über sieben Seiten geht, den Kern des Buches und die Peripetie der Handlung bildet, steht, wie Dirk Walter sagt, „künstlerisch weit über den anderen Teilen des Romans".[78] Er bildet ein „grotesk-gespenstisches"[79] Gemälde, in dem viele Motive des Romans verwebt und teilweise verdeutlicht werden. Und er zeigt eine Vision des nächsten Krieges, in den die Gesellschaft hineintreibt, ein Krieg jeder gegen jeden, fast ein Bürgerkrieg, in dem alle sich gegenseitig niedermachen. Die letzten Überlebenden irren in den Trümmern umher und töten sich gegenseitig, unkenntlich gemacht durch die Gasmasken auf ihren Gesichtern.

Zuvor wird in grotesken Bildern Irene Moll männerfressend gezeichnet, wird die brutale Inbesitznahme Cornelias durch den Filmproduzenten Makart vorweggenommen. Die Gesellschaft (jeder bestiehlt jeden und beteuert gleichzeitig seine Anständigkeit) wird karikiert, Labudes verlorener Posten gleichfalls. Dieser Traum stellt also, neben Fabians Lebensumständen, Wünschen und Ängsten, ein „Sodom und Gomorrha" dar, das in der Vision eines apokalyptischen Weltuntergangs endet.

In der Lyrik werden Träume ebenfalls verwendet, wenn auch nicht in solchen Ausmaßen. Hier werden sie eingesetzt, um das Unglück von verheirateten Frauen zu zeigen (*Die unverstandene Frau* und *Eine Frau spricht im Schlaf* – beide in *Ein Mann gibt Auskunft*) oder um unerwiderte Liebe ergrei-

---

[78] Dirk Walter, Zeitkritik und Idyllensehnsuch, S. 249.
[79] Ebd., S. 249.

fend darzustellen (*Ein gutes Mädchen träumt* ebenfalls in *Ein Mann gibt Auskunft*).

Zwei weitere Traumgedichte sprechen gesellschaftliche Themen an. In *Ein Traum macht Vorschläge* (*Herz auf Taille*) wird die Angst vor einem *kommenden Kriege*[80] thematisiert, in *Der Traum vom Gesichtertausch* (*Gesang zwischen den Stühlen*) wird in einer Schreckensvision die Angst vor dem Verlust der eigenen Identität dargestellt: In der hierin dargestellen Gesellschaft (= in *jenem Haus*) *zogen alle die Gesichter aus*[81] und suchten sich beim Nachbarn ein neues. Doch keiner konnte sein eigenes, sich selber, wiederfinden.

In den Träumen der Lyrik werden also Einzelaspekte des Lebens angesprochen, die zur Entschlüsselung von Fabians Traum aber keine neuen Hinweise beitragen. Gemeinsam ist ihnen der grotesk-makabre Charakter.

---

[80] Herz auf Taille, S. 12.
[81] Gesang zwischen den Stühlen, S. 51.

Mein liebes, gutes Muttchen, Du!

Ein wichtiges, in Kästners Werk immer wieder auftauchendes Motiv ist das der Mutter, wobei nur allzuoft seine eigene Mutter porträtiert wird. Dass Kästners Beziehung zu seiner Mutter für sein Leben und sein Werk eine weitreichende Bedeutung hatte, wird spätestens bei der Lektüre seines Briefwechsels mit der Mutter klar (*Mein liebes gutes Muttchen, Du*).

Sechs Muttergedichte, die teilweise starkt autobiographisch gefärbt sind (*Junggesellen auf Reisen* in *Lärm im Spiegel* und *Stiller Besuch* in *Ein Mann gibt Auskunft*) finden sich. Der Stil, in dem sie verfasst sind, fällt auf: Es sind keinerlei satirische oder ironische Wendungen zu finden, sie muten sogar zum größten Teil sentimental bis rührselig an, obwohl sie im Ton ausgesprochen sachlich gehalten sind.

Diese Mütter haben allesamt erwachsene Söhne, die in einer anderen Stadt wohnen, die sie besuchen oder von denen sie besucht werden, denen sie die Wäsche waschen, mit denen sie verreisen oder von denen sie Briefe erhalten. So verwundert es nicht, dass auch Fabian Besuch von seiner Mutter bekommt. Wenn man zum Beipiel *Emil und die Detektive*, *Pünktchen und Anton* oder *Drei Männer im Schnee* kennt, nimmt die Verwunderung des Lesers jedoch noch weiter ab.

Die Mutter im *Fabian* erhält aber wesentlich mehr Leben zugesprochen als in den Gedichten. Der wesentliche Unterschied ist allerdings der, dass die Mutter im Roman eine wichtige zusätzliche Funktion erhält, den einer letzten Rückzugsmöglichkeit. Als in Berlin für Fabian alles zusammenbricht – er selbst arbeitslos wird, Labude sich umgebracht hat, Cornelia sich im Bett Makarts wiederfindet und der Erfinder eingesperrt wurde – sieht er nur noch eine Möglichkeit des Weiterlebens: Er flieht aus Berlin (*er ließ [...] alles, wie es stand und lag*)[82] und fährt zu seiner Mutter, als dem einzigen Ziel, das er noch hat. Hier versucht er zur Ruhe kommen und sich selbst wiederzufinden. Die Funktion der Mutter geht also im Roman über die in den Gedichten hinaus.

---

[82] Fabian, in: Gesammelte Schriften, S. 171.

Zweierbeziehungen, solche und solche

Das Thema der Zweierbeziehung, sei es eine Beziehung zwischen Unverheirateten oder zwischen Ehegatten, ist ein Stoff, der, besonders in der Lyrik, immer wieder von Kästner behandelt wird. Es finden sich allein siebzehn Gedichte zu diesem Thema.

Auffällig hieran ist, dass es sich, mit einer Ausnahme, um negativ behaftete Schilderungen handelt, um unglücklich Liebende. Soweit es nicht um Ehepaare geht, handelt es sich entweder um Abschiede (*Abschied in der Vorstadt* im Band *Herz auf Taille* oder *Sachliche Romanze* in *Lärm im Spiegel*), um Paare, bei denen einer von beiden mit jemand anderem verheiratet ist (*Sehr moralische Autodroschke* in *Lärm im Spiegel* oder *Gespräch in der Haustür* in *Herz auf Taille*) oder um unerwiderte Liebe (*Ein gutes Mädchen träumt* in *Ein Mann gibt Auskunft* oder *Das Gebet keiner Jungfrau* in *Lärm im Spiegel*). Es sind allesamt Gedichte mit traurigem Inhalt.

So auch das Gedicht *Die Ballade vom Mißtrauen* in *Gesang zwischen den Stühlen*, in dem in allen Einzelheiten exakt die Geschichte erzählt wird, die Fabians Freund Labude im Roman in Hamburg erlebt, als er die Untreue seiner Geliebten Leda unmissverständlich mit eigenen Augen beobachten muss. Im Gedicht wird die Scham und die Trauer des Mannes noch expliziter ausgedrückt, wenn dieser hierin *tief beschämt* denkt: *Wenn man mich nur nicht sieht.*[83] Dies ist das augenfälligste Beispiel für die doppelte Behandlung ein-und-desselben Stoffes in Roman und Lyrik. Was der Romancier Kästner im *Fabian* auf mehr als zwei Seiten beschreibt, kann der Lyriker Kästner im Gedicht in

---
[83] Gesang zwischen den Stühlen, S. 9.

acht vierzeiligen Strophen kurz und pointiert, und dabei noch ergreifender, schildern.

Einige Gedichte schildern Ehepaare. Diese Gedichte behandeln durchweg kaputte Beziehungen. Da ist in *Plädoyer einer Frau* in *Lärm im Spiegel* eine Frau verheiratet mit einem Mann, den sie nicht liebt oder etwa in *Die unverstandene Frau* in *Ein Mann gibt Auskunft* mit einem Mann, der sie nicht versteht oder der ihr gegenüber gleichgültig ist: *Eine Frau spricht im Schlaf* (*Ein Mann gibt Auskunft*).

Darüber hinaus werden Ehepaare geschildert, die sich nichts mehr zu sagen haben (*Gewisse Ehepaare* in *Ein Mann gibt Auskunft*), die sich hassen und bekämpfen (*Familiäre Stanzen* ebenfalls in *Ein Mann gibt Auskunft*) oder die sich einfach zur langweiligen Gewohnheit geworden sind (*Der geregelte Zeitgenosse* in *Gesang zwischen den Stühlen*).

Das Resümee? Es wird nach Kästners Auffassung grundsätzlich sehr wahrscheinlich ins Unglück führen, wenn man es wagt, eine Zweierbeziehung einzugehen. Wobei vor dem Zustand der Ehe direkt eine Angst festzustellen ist. Hier muss ich zur Erklärung eine biographische Anmerkung machen. Das Beispiel seiner Eltern - Heirat ohne Liebe, Kind von einem anderen Mann - und eigene Erfahrungen, die Kästner in seinen Mutterbriefen ausführlich berichtet, haben ihn in seiner Sicht auf die Ehe stark beeinflusst. Er selber hat nie geheiratet, obwohl er im Grunde immer mit einer Frau zusammengelebt hat, offensichtlich auch mal mit mehreren parallel.[84]

Diese scheinbare Resignation, die in der total negativen Schilderung der Zweierbeziehungen erkennbar ist, wird durchbrochen von dem Gedicht *Ein Beispiel von ewiger*

---

[84] Klaus Kordon. Die Zeit ist kaputt, S. 291

Liebe in *Gesang zwischen den Stühlen*. In diesem Gedicht wird die Sehnsucht nach und die Hoffnung auf eine dauerhafte Liebe sichtbar. Gleichzeitig wird aber auch deutlich, dass Kästner die Wahrscheinlich einer solchen Liebe gering einschätzt. Diese ‚ewige' Liebe besteht in diesem Gedicht gerade deshalb, weil sie *nicht* stattfand: Mit einem Bus fuhr der Protagonist rasch durch irgendeinen Ort, dort sah er *sie* stehen, fuhr aber weiter:

> *[...]*
> *Ich bin entschlossen, fest daran zu glauben,*
> *daß du die Richtige gewesen wärst.*
> *Du kannst mir diese Illusion nicht rauben,*
> *da du sie nicht erfährst.*[85]

Kästner bezeichnet die dauerhafte Liebe als Illusion, sagt aber in der letzten Zeile dieses Gedichts: *die Liebe besteht*. Und damit auch die, vielleicht quälende, Hoffnung auf eine wahre Liebe.

In dem Roman *Fabian* finden wir eine vergleichbare Situation vor. Cornelia hat schlechte Erfahrungen mit Männern gemacht:

> *Von zwei Männern wurde ich stehengelassen.*
> *Stehengelassen wie ein Schirm ....*[86]

Fabian hat ebenfalls keine feste Beziehung. Gleich bei ihrem ersten Gespräch werden sie vor einer Zweierbeziehung ‚gewarnt', indem sie die kurze, wie ein Gedicht wirkende

---
[85] Gesang zwischen den Stühlen, S. 53.
[86] Fabian, in: Gesammelte Schriften, S. 76.

Szene im gegenüberliegenden Haus betrachten, in der ein Ehestreit pantomimisch dargestellt wird.[87] Durch diese Szene findet Kästners oben herausgearbeitete Sicht der Ehe Eingang in den Roman. Cornelia und Fabian gehen trotzdem eine Beziehung ein, die zunächst sehr idyllisch wirkt und die Hoffnungen wachsen lässt. So sagt Fabian nach der Trennung: *Ich wollte mich doch ändern, Cornelia!*[88], womit der Wunsch nach einer dauerhaften Beziehung deutlich wird.

Anders als in den Gedichten geht diese Beziehung aber nicht durch Gewöhnung aneinander oder durch anderweitiges Gebundensein eines Partners in die Brüche, sondern aufgrund der wirtschaftlichen und gesellschaftlichen Umstände. Um etwas zu erreichen, muss Cornelia sich an den Filmproduzenten Makart ‚verkaufen'. Diese Untreue kann Fabian nicht tolerieren, genausowenig, wie Labude diejenige seiner Partnerin Leda. Fabian beendet die Beziehung ohne ‚Wenn und Aber'.

---

[87] Fabian, in: Gesammelte Schriften, S. 76.
[88] Ebd., S. 133.

Idyllensehnsucht

Es gibt in Kästners Werk unter den dunklen, bedrückenden Aussagen einige Lichtpunkte, die ich als Idyllen bezeichnen möchte. Sie bilden den Gegenpol zu der düsteren Gegenwart und dem Alltagsleben. Diese Idyllen haben keinen Bestand, sie sind rasch vergänglich. Es lässt sich eine große Sehnsucht nach solchen Zuständen erkennen. Der bereits häufiger zitierte Autor Dirk Walter rückt diese Sehnsucht in einen zentralen Punkt von Kästners Werk, wenn er seine Arbeit über ihn *Zeitkritik und Idyllensehnsucht* nennt.

In der Lyrik sind die Idyllen, bis auf eine Ausnahme, immer im Zusammenhang mit der Natur zu finden. Paradebeispiel hierfür ist die Schilderung des *Jardin du Luxembourg* in *Herz auf Taille*. Bereits in der ersten Zeile wird schon gesagt: *dieser Park liegt dicht beim Paradies*[89], und so sieht er im Weiteren auch aus: Blumen, kleine Jungen und Mädchen mit Schleifen und hübschen Namen, Kindergeschrei, das sich wie Musik anhört, Bälle, Hündchen, Kinderspiele und träumende Mütter. Diese so reich ausgestattete Idylle findet sich aber in Paris, ist also, wie so viele andere Idyllen auch, im Normalfall nur schwer oder gänzlich unerreichbar.

Im Gedicht *Besagter Lenz ist da* in *Herz auf Taille* wird, bedingt durch die Schönheit des Frühlings, eine ganz andere Sicht als üblich, eine idyllische Sicht, auf die Großstadt geworfen. In *Prima Wetter* (*Ein Mann gibt Auskunft*) ist es ebenso.

Das Gedicht *Misanthropologie* im Band *Ein Mann gibt Auskunft* beschreibt zunächst die Schönheit der Natur: die

---
[89] Herz auf Taille, S. 78.

grüne Wiese, der veilchenblaue Bach, Blumen, Gras und Kräuter. Die so aufgebaute Idylle wird hier im Verlauf durch weitere hinzukommende Menschen völlig zerstört. Die Sehnsucht nach der unberührten Natur, nach der Idylle, bleibt bestehen.

Wie auch schon im *Jardin du Luxembourg* Kinder eine besondere Rolle in der Idylle spielen, so hat die Erinnerung an die eigene Kindheit in *Junggesellen auf Reisen* (*Lärm im Spiegel*) die Funktion, die Sehnsucht nach einer Idylle zu verdeutlichen. Eine Reise mit der Mutter und das traute Beisammensein mit ihr werden als *Glück* bezeichnet und wie eine Idylle beschrieben.

Idyllen finden sich in der Lyrik also als flüchtige Augenblicke, als rasch vergängliche Zustände, die fast immer mit der Natur verbunden sind. Und darüber hinaus verbunden mit Kindern und Müttern jeglicher Couleur. Eine Idylle in einer Liebesbeziehung kommt nicht vor.

Im Roman *Fabian* wird allerdings eine ‚Liebes-Idylle' versucht. Die allerdings, analog zu den sonstigen in der Lyrik beschriebenen Idyllen, so schnell sie entstanden ist, auch wieder vergeht.

Die ersten gemeinsamen Nächte der Beziehung zwischen Fabian und Cornelia bilden den idyllischen Lichtpunkt des ganzen Romans. Hier wird Glück geschildert, wie es trotz allem aussehen könnte. Im Roman übernehmen weder die Natur, noch Kinder oder Mütter diese Rolle. Die Natur im Rahmen der Großstadt wird sogar direkt als Illusion entlarvt:

Aber Sie täuschen sich. Der Mondschein und der Blumenduft, die Stille und der kleinstädtische Kuß im Torbogen sind Illusionen.[90]

Die Wirklichkeit sähe anders aus. Sich nach einer solchen Idylle in der Großstadt zu sehnen wird als vergeblich bezeichnet.

Mit der ‚Liebes-Idylle' verhält es sich anders. In ihr sieht der Autor ein, vielleicht nicht zu erreichendes, aber dennoch anzustrebendes Ziel, für das es sich lohnen würde zu leben. In einer solchen idyllischen Beziehung herrschen Zärtlichkeit, beglückende und emotionale Sexualität, fröhlicher Übermut und ein Spielen wie die Kinder vor. Diese Merkmale sind sämtlich in der ansonsten geschilderten realen Welt nicht zu finden. Es ist eine ‚bessere' Welt, die hier beschrieben wird, die aussieht wie der von Cornelia *hübsch garnierte* Tisch auf dem sich *eine weiße Decke und ein Blumenstrauß* befinden.[91] In manchem erinnert dies an die Beziehung zwischen Pinneberg und Lämmchen in Hans Falladas 1932 erschienenen Roman „Kleiner Mann, was nun?". Der Idylle dort kann die Außenwelt, die Fabians Welt sehr ähnlich ist, allerdings nichts anhaben.

Diese bürgerliche Liebes-Idylle geht im *Fabian* aber sehr schnell vorüber, sie scheitert an den wirtschaftlich-gesellschaftlichen Umständen der Zeit. Um diese Idylle zu erhalten, hätte Fabian *sich verändert*.[92] Er wäre aktiv geworden, hätte *eine kleine Tüte Ehrgeiz* gesät, er wäre entschlossen gewesen, als Werbetexter *die Annoncen leuchten* zu lassen.[93] Er wäre

---

[90] Fabian, in: Gesammelte Schriften, Band 2, S. 83.
[91] Ebd., S. 97.
[92] Ebd., S. 133.
[93] Ebd., S. 91.

sogar treu gewesen.[94] Damit wäre Fabian aus dem geliebten Zustand des bloßen Beobachters herausgerissen worden.

Der Autor Kästner wollte jedoch nicht eine solche ‚Modell-Idylle' beschreiben, wie Fallada es gemacht hat, sondern eine realistische Beschreibung der Zustände geben, die eine solche Idylle aus seiner Sicht nicht zulassen. Kästners Sicht erweist sich als stärker mit der Realität verbunden als die Falladas. Dessen Protagonistin Lämmchen wirkt, als sei sie nicht von dieser Welt.

Der tief empfundenen Hoffnung auf ein solches Glück hat Kästner aber Ausdruck verliehen.

---

[94] Fabian, in: Gesammelte Schriften, Band 2, S. 99.

Die Menschen vernünftig machen?

Als sein Ziel formuliert Fabian: *Ich möchte helfen, die Menschen anständig und vernünftig zu machen.*[95] Wären die Menschen vernünftig, dann gäbe es keine Dummheit mehr, die als Gegenpol zur Vernunft anzusehen ist. Dann hätten Zustände wie Krieg, Hunger und Mord keine Chance mehr. Aber Fabian ist skeptisch, ob die Menschen zur Vernunft tauglich sind, so wie ich es oben im Abschnitt ‚Menschenbild' herausgearbeitet habe.

Labude dagegen stellt sich diese Frage nicht, er will *vernünftig[...] handeln*[96] und das Gesellschaftssystem im Sinne der Vernunft verändern. Labude, der seine Dissertation über Lessing, den wichtigen Vertreter der deutschen Aufklärung, schreibt, steht damit in der Tradition der Aufklärung. So wie auch der Autor Kästner selber, der sein eigenes Vorhaben als Student, über Lessing zu promovieren, aus finanziellen Gründen in ein schneller zu bearbeitendes Thema getauscht hatte. Kästner bezeichnete sich später als *Urenkel* der deutschen Aufklärung.[97]

Fabian ist auch in diesem Punkt skeptisch, er bezweifelt, dass die Vernünftigen jemals an die Macht kommen werden[98] und bezeichnet das Verhältnis von Vernunft und Macht als *Antinomie*.[99]

Bezeichnend für den Zustand der Welt, so wie der Roman ihn schildert, ist auch die Tatsache, dass man die Vernünftigen, verkörpert im Erfinder, einsperrt, und zwar ins Irrenhaus.

---

[95] Fabian, in: Gesammelte Schriften, Band 2, S. 46.
[96] Ebd., S. 53.
[97] Gesammelte Schriften, Band 7, S. 29.
[98] Fabian, in: Gesammelte Schriften Band 2, S. 53.
[99] Ebd., S. 68.

Die Schaffung vernünftiger Menschen, beziehungsweise eines vernünftigen Systems ist das große Ziel, das anzustreben sei. Es ist ein – wohl unerfüllbarer – Wunschtraum Fabians, dass die Menschen erkennen mögen, *daß die Vernunft das Vernünftigste* ist.[100]

Blickt man nun auf die Lyrik, so findet sich dort, grob gesagt, das gleiche Bild. In dem bereits angeführten Gedicht *Ansprache an Millionäre* im Band *Ein Mann gibt Auskunft* ruft der Autor die Reichen, sprich: die Mächtigen auf, vernünftig zu werden. Dann würde alles gut. Dies ist offensichtlich aber eine völlig utopische Hoffnung, so dass der Chronist im *Ohnmächtigen Zwiegespräch* (*Gesang zwischen den Stühlen*) das Resümee zieht, dass *die Vernunft nicht allzu oft gewinnt*.[101]

Kästner wünscht, dass die Vernunft siegen möge. Da er die Menschen aber als untauglich dazu ansieht, im Roman wie auch in der Lyrik, muss er auf die Nachfolgenden, auf die Kinder, hoffen. Dies geschieht herausgehoben in dem Gedicht *Brief an meinen Sohn* in *Gesang zwischen den Stühlen*, in dem Vernunft das Ziel der dargelegten Erziehungsweise darstellt:

> *[...]*
> *Ich will nicht reden, wie die Dinge liegen.*
> *Ich will dir zeigen, wie die Sache steht.*
> *Denn die Vernunft muß ganz von selber siegen.*
> *[...]*[102]

---

[100] Fabian, in: Gesammelte Schriften Band 2, S. 171.
[101] Gesang zwischen den Stühlen, S. 96.
[102] Ebd., S. 11.

In der Schlussstrophe zeigt sich wieder eine gewisse Resignation und Hoffnungslosigkeit in Bezug auf den Zustand der Menschheit, und eine Angst, dass der, übrigens noch ungeborene, Sohn werden könnte wie sie:

> *[...]*
> *Wenn du trotzdem ein Mensch wirst wie die meisten,*
> *all dem, was ich dich schauen ließ, zum Hohn,*
> *ein Kerl wie alle, über einen Leisten,*
> *dann wirst du nie, was du sein solltest: mein Sohn!*[103]

Das Erreichen eines vernunftgeprägten Zustandes ist also in Roman und Lyrik das angestrebte Ziel. In der Lyrik ist aber nur in Bezug auf die Kinder eine gewisse Hoffnung auf den Sieg der Vernunft zu verspüren, während im *Fabian* zumindest Labude zunächst noch Hoffnung hat, auch die Erwachsenen zur Vernunft zu bewegen. Da Labudes Hoffnung durch seinen Selbstmord als unverwirklichbar gekennzeichnet wird, bleibt auch im *Fabian* nur die Hoffnung auf die Kinder.

---

[103] Gesang zwischen den Stühlen, S. 11.

Ein anderes Medium:
Die Funkrevue *Leben in dieser Zeit*

Dieser Text ist insbesondere für die Beurteilung der nachfolgenden Aspekte ‚Selbstmord' und ‚Kinder' von Bedeutung, deshalb sei dieser Exkurs an dieser Stelle eingefügt.

Die für den Rundfunk 1929 geschriebene Revue *Leben in dieser Zeit*, die von fast allen Sendern in Deutschland gesendet und später auch von „mehr als zwanzig"[104] Theatern auf die Bühne gebracht wurde, ist aus verschiedenen neuen sowie zu der Zeit schon bekannten und teilweise leicht veränderten Gedichten zusammengesetzt worden. Diese Gedichte wurden durch Zwischentexte verbunden und mit Musik von dem Komponisten Edmund Nick sowie einer typischen Großstadt-Geräuschkulisse versehen. Es entstand ein „satirisches akustisches Großstadtgemälde.[105]

In ihm tritt eine Hauptfigur auf, der *Durchschnittsmensch*[106] namens Schmidt, der hier durch eine leichte Änderung im Text Angestellter wurde, gegenüber der Fassung in *Ein Mann gibt Auskunft,* dem Gedicht *Kurt Schmidt, statt einer Ballade,* in der er noch Arbeiter in einer Glasfabrik gewesen ist.

In den siebzehn Nummern der Revue werden, wie in den Gedichten, viele Themen angesprochen, die den Großstadtmenschen berühren und ausmachen. Man kann diese Revue als Querschnitt durch die Lyrik Kästners bezeichnen.

Von anonymen Frauen- und Männer-Stimmen, beziehungsweise -Chören werden darüber hinaus explizite Fragen gestellt, wie zum Beispiel, warum man *immerzu im Kreise*

---

[104] Liselotte Enderle, Erich Kästner, S. 57.
[105] Ebd., S. 57.
[106] Leben in dieser Zeit, in: Gesammelte Schriften, Band 5, S. 189.

traben sollte, da sich ja doch nie etwas ändern würde.[107] Dies sind Fragen nach dem Sinn des Lebens. Schmidt weiß darauf nur vage Antworten zu geben: Man solle sich *durch Ironie*[108] das Leben erleichtern. Man müsse weiterleben. Selbstmord wäre keine Lösung (*Das Lied mit den Pistolenschüssen*). Der gute Mensch müsse leben: *Trotzdem! Nun gerade!*[109]

Diese ganzen Aussagen gipfeln in dem mantraartig wiederholten Satz *Denkt an die, die nach euch kommen.*[110] Die Kinder, die Menschen der nächsten Generation, erweisen sich als die Hoffnung, auf die es zu setzen gilt. An dem eigenen Leben sei nicht viel veränderbar, man könne nur versuchen, es allgemein zu verbessern, durch *Güte*[111] und durch Trotz. Der Sinn des Lebens laute: *Wir bemühen uns, damit es die, die nach uns kommen, etwas besser haben.*[112]

---

[107] Leben in dieser Zeit, in: Gesammelte Schriften, Band 5, S. 214.
[108] Ebd., S. 215.
[109] Ebd., S. 218.
[110] Ebd., S. 214, 221, 222.
[111] Ebd., S. 214.
[112] Ebd., S. 214.

„Das macht man doch nicht!"

Fabians Freund Labude begeht Selbstmord, nachdem seine Lebensinhalte scheinbar zugrunde gerichtet sind: Seine Freundin Leda ist ihm untreu, in der Politik wird er nicht ernst genommen, seine Habilitationsschrift ist angeblich lächerlich. Labude ist zu schwach, um weiter zu leben, er flieht. Fabians Kommentar dazu lautet: *Aber Stephan, [...] das macht man doch nicht.*[113] Wie ernst diese Aussage gemeint ist, sollen einige Gedichte belegen.

In fünf Gedichten wird der Selbstmord thematisiert. Diese recht große Anzahl sagt bereits einiges über die Bedeutung aus, die Kästner dem Selbstmord als Konsequenz bezüglich der Zustände zumisst. Ist es Ironie des Schicksals, dass einer seiner Bekannten und Förderer, Kurt Tucholsky, nur wenig später, im Jahr 1935, Selbstmord begangen hat?

Zunächst ist da das sehr zynische Gedicht *Die Welt ist rund* (*Herz auf Taille*). In ihm ist von der Dummheit der Menschen die Rede, es wird gesagt, dass es sich nicht einmal lohnen würde, *die Menschen zu verachten.*[114] Es gipfelt in dem paradox anmutenden Rat:

„*Nimm einen Strick. Und schieß dich damit tot.*"[115]

Da dieser Rat nicht ausführbar ist, kann er kaum ernst gemeint sein.

In dem Gedicht *Selbstmörder halten Asternbuketts* (*Lärm im Spiegel*), werden pauschal Selbstmörder geschildert, die, weil sie eine geringe Geldsumme unterschlagen haben, sich

---

[113] Fabian, Gesammelte Schriften, Band 2, S. 150.
[114] Herz auf Taille, S. 24.
[115] Ebd., S. 25.

am Grab der Mutter, dort mit Blumen stehend, erschießen. Dieser Vorgang wird in der Zeitung gelesen, es wird also bereits im Gedicht eine gewisse Distanz zu dem Geschehen aufgebaut. Außerdem wirkt es derart sentimental, dass man sagen kann, dass Kästner in diesem Fall Selbstmord nicht als ernstzunehmende Lösung ansieht, ja, den Selbstmörder als Menschen nicht ernst nimmt. Die Handlung wirkt wie einem Kitschroman entnommen.

In *Saldo Mortale* (*Ein Mann gibt Auskunft*) wird ein Selbstmörder beschrieben, der gerettet wurde und nun die Gesellschaft anklagt, dass sie ihm keine Lebensmöglichkeit bietet. Ihm als Arbeitslosen, Kranken, von der Frau Betrogenen bliebe keine andere Möglichkeit als die des Selbstmordes. Es handelt sich also nicht um einen Aufruf zum Selbstmord verüben, sondern um einen Aufruf, etwas für die in sozialer Not Befindlichen zu tun, gerade damit solche sinnlosen Selbstmorde wie dieser nicht nötig zu sein brauchen.

Das groteske Gedicht *Begegnung in einer kleinen Stadt* in *Gesang zwischen den Stühlen* schildert eine Begegnung des lyrischen Ichs mit einem ehemaligen Bekannten, der Selbstmord verübt hatte, bei dessen Beerdigung der Erzähler selbst anwesend gewesen war. Dieser Selbstmörder ist nun wieder auf der Welt, hat *seinen Selbstmord gewissermaßen storniert*.[116] *Das sei kein Leben, das lästige Liegen im Sarg*[117], sagt er. Es handelt sich offensichtlich um eine schaurig-groteske Aufforderung an potentielle Selbstmörder, doch lieber weiter zu leben. Man könnte es später bereuen.

---

[116] Gesang zwischen den Stühlen, S. 20.
[117] Ebd., S. 21.

Ein einziges Bekenntnis gegen den Selbstmord ist das Gedicht *Warnung vor Selbstschüssen* in *Lärm im Spiegel*:

> *[...]*
> *Man ist da. Und man bleibt hier!*
> *Möchtest wohl mit Püppchen spielen?*
> *Hast du wirklich Lust zum Zielen,*
> *ziele bitte nicht nach dir.*
>
> *War dein Plan nicht: irgendwie*
> *alle Menschen gut zu machen?*
> *Morgen wirst du drüber lachen.*
> *Aber, bessern kann man sie.*
>
> *Ja, die Bösen und Beschränkten*
> *sind die meisten und die Stärkern.*
> *Aber spiel nicht den Gekränkten.*
> *Bleib am Leben, sie zu ärgern!*[118]

Dieser völlig ernst gemeinte Aufruf gibt Kästners Meinung wieder. Er ist in dieser Form ebenfalls in *Leben in dieser Zeit* zu finden. Der Aufruf lautet hier: *Nun gerade!*[119], jammern hilft nichts. Das Ziel, die Menschen gut zu machen, sei nicht zu erreichen. Das wäre aber kein Grund zur Resignation, denn zu verbessern ist der Mensch noch allemal. So lautet der Rat Schmidts, was man mit dem *Nun gerade!* anfangen könne: *Man kann leben!*[120] Darauf käme es an.

---

[118] Lärm im Spiegel, S. 39f.
[119] Gesammelte Schriften, Band 5, S. 213 bzw. S. 219.
[120] Ebd., S. 218.

In dem Romankapitel *Der Herr mit dem Blinddarm*, das auf Weisung des Verlags nicht im *Fabian* erscheinen durfte, macht Fabian eine ähnliche Aussage. Auf den Frage seines Chefs Breitkopfs, was Fabian denn sonst noch täte, antwortet dieser: *Ich lebe.*[121]

Auch Fabian hat dieses, im Gedicht ausgedrückte, Ziel, die *Menschen gut zu machen*. Im *Fabian* heißt es: *Ich möchte helfen, die Menschen anständig und vernünftig zu machen*[122], sprich: gut zu machen. Daran verzweifelt Fabian, denn die Schlechtigkeit der Menschen und die wirtschaftlichen Umstände nehmen ihm Freundin, Freund und Arbeit.

Trotzdem tendiert er nicht zum Selbstmord, erweist sich hierin also als Sprachrohr des Autors Kästner. Labudes Selbstmord kann er nicht akzeptieren. Fabians Aussage, *das macht man doch nicht* ist tod-ernst gemeint.

---

[121] Fabian, in: Gesammelte Schriften, Band 2, S. 204.
[122] Ebd., S. 204.

Eine neue Hoffnung

Als abschließenden Einzelpunkt stelle ich die für Kästners Gesamtwerk überaus bedeutungsvolle Rolle des Kindes dar. Ein Blick auf Kästners Publikationen beweist sein überaus großes Interesse an Kindern, hat er doch alleine neunzehn Kinderbücher geschrieben.

So findet sich denn auch eine recht große Anzahl Gedichte (ebenfalls neunzehn Stück), die sich mit dem Thema Kind beschäftigen. Und auch im *Fabian* spielen Kinder an entscheidenden Stellen ihre Rolle.

Zunächst beschreibe ich die Darstellung der Kinder in der Lyrik. Eine Reihe von fünf Gedichten stellt *alte Kinderspiele, renoviert* dar: *Der Doktor kommt, Mutter und Kind* – beide in *Herz auf Taille, Verhinderte Weihnachten, Pädagogik spasseshalber* und *Hochzeit machen* – alle in *Lärm im Spiegel*. In ihnen spielen Kinder die Erwachsenen in alltäglichen Situationen nach, wobei sie sich als vernünftiger als diese erweisen, und wesentlich mehr Phantasie zeigen. Diese Gedichte stellen typische Verhaltensweisen der Erwachsen bloß.

Kinder werden als gut und unverdorben dargestellt, ihnen gegenüber könne man noch Hoffnung haben in Bezug auf die Zukunft. In dieser Hinsicht gilt es, die Kinderbücher Kästners zu betrachten. Deren Helden weisen allesamt eine ganze Reihe von positiven Eigenschaften auf und ähneln sich dabei alle so sehr, dass sie kaum zu unterscheiden sind. Sie haben denn auch alle die gleiche Mutter, die wiederum Kästners eigener Mutter ausgesprochen ähnlich ist.

In dem Gedicht *Genesis der Niedertracht* (*Ein Mann gibt Auskunft*) sagt Kästner: *Kinder sind hübsch und offen und gut*[123], in *Mathilde, aber eingerahmt* (*Gesang zwischen den Stühlen*): *Dein Kinderblick war treu und echt.*[124] Hieraus können wir Kästners durchgängig vorhandenes Kinderbild gut ablesen.

Aber die Kinder bleiben nicht gut, da es ja die Erwachsenen sind, die sie erziehen, die ihnen Vorbilder sind. Diesem Tatbestand widmet er einige Gedichte. Schon in den beiden oben angeführten Texten geht es unmittelbar weiter: *[...] aber Erwachsene sind unerträglich*, beziehungsweise:

> „*[...] Wann fingst du an, nichts mehr zu taugen?*
> *Als wir uns kannten, warst du schlecht.*
> *Als kleines Mädchen gut und milde,*
> *mit zwanzig Jahren ein Stück Mist!*
> *[...]*"

Um die Folgen des schlechten Vorbildes geht es besonders in den Gedichten *Die Ballade vom Nachahmungstrieb, Ein Quartaner denkt beim Anblick des Lehrers* (beide in *Gesang zwischen den Stühlen*) und *Ein Kind, etwas frühreif* (*Herz auf Taille*). Hier werden die verheerenden Folgen des schlechten Beispiels der Erwachsenen geschildert und als Grund dafür der natürliche Nachahmungstrieb der Kinder angegeben. Eine tiefe Trauer über diesen Umstand drückt *Ein Kind, etwas frühreif* aus, in dem ein Mann einer Frau begegnet, die ihr Kind dabei hat. Der Mann kümmert sich um das Kind, die Frau bezieht das aber auf sich selber:

---

[123] Ein Mann gibt Auskunft, S. 87.
[124] Gesang zwischen den Stühlen, S. 49.

> *„[...]*
> *Das Kind ging mit einer schönen Frau.*
> *Die dachte, ich dächte, sie wäre so frei ...*
> *[...]*
> *Sie fühlte sich schon zur Hälfte verführt*
> *und schwenkte vergnügt ihr Gewölbe.*
> *Das hätte mich nun nicht weiter gerührt.*
> *Doch das Kind - ich hab es ganz deutlich gespürt*
> *das dachte bereits dasselbe ..."*[125]

Daraus folgt, solange die Erwachsenen sich nicht bessern, werden auch die Kinder, als die kommenden Erwachsenen, nicht besser. Eine geeignete Erziehung wäre folglich unbedingt nötig. Kästner selber arbeitete Zeit seines Lebens daran. Mit Hilfe seiner Kinderbücher wollte er zu diesem Ziel beitragen. Nach dem zweiten Weltkrieg engagierte er sich vier Jahre lang mit seiner Jugendzeitschrift „Pinguin", die er heraus gab. Außerdem schrieb er diverse Aufsätze zu diesem Themenkomplex.

Es sei noch das Gedicht *Die Großeltern haben Besuch* aus *Gesang zwischen den Stühlen* genannt, in dem nicht nur die Kinder der Erwachsenenwelt gegenüber gestellt werden, sondern ebenfalls die Großeltern, die Greise: *Ihr (die Kinder) und wir Alten wissen ja Bescheid* wird gesagt, und die Hoffnung der ‚weisen Greise' ausgesprochen: *Ach, bleibt so klug, wenn ihr erwachsen seid.*[126]

Auch zu der Lyrik ist das Hörspiel *Leben in dieser Zeit* hinzuzuziehen. In ihm lässt sich, wie oben schon gesagt, die Hoffnung auf die Kinder als die zentrale Aussage herausarbeiten.

---

[125] Herz auf Taille, S. 31.
[126] Gesang zwischen den Stühlen, S. 98.

Wie schon angedeutet, spielen Kinder auch im *Fabian* eine Rolle. An einigen Stellen im Roman werden Aussagen über sie gemacht, die die Voraussetzung für das Verständnis der ihnen zugedachten Rolle bilden. Labude sagt: *Nur die Kinder sind für Ideale reif*[127], Fabian drückt das gleiche aus: *Man halte hier jeden Menschen, mit Ausnahme der Kinder und der Greise, [...] für verrückt.*[128] Mit anderen Worten: Die Kinder (und die Greise) sind diejenigen, die für eine Verbesserung der Welt in Frage kommen. Eine Aussage, die wir schon in Bezug auf die Lyrik herausgearbeitet hatten. Ebenfalls mit der Lyrik überein stimmt die Ansicht, dass die Greise, neben den Kindern, die Vernünftigen sind.

An einer weiteren Stelle des Romans lässt sich auf die Lyrik verweisen. Nachdem Fabian im *Kabarett der Anonymen* von einem aufdringlichen Badewannenfabrikanten verwechselt worden ist, sagt Labude mit Bitterkeit: *Und was mich besonders aufbringt, (...) so ein Kerl hat ein eigenes, selbstgemachtes Kind.*[129] Dies soll zum einen die Trauer darüber ausdrücken, dass die falschen Leute Kinder haben, die sie folglich falsch erziehen werden, zum anderen den Wunsch Labudes nach einem Kind, das er dann richtig erziehen würde. Diesen Wunsch beschreibt deutlich das oben angeführte Gedicht *Brief an meinen Sohn*. Hier stimmt die Ansicht der Lyrik mit der Labudes überein.

Aber Kinder bekommen im Roman auch handelnde Funktionen. Als ein kleines Mädchen beim Stehlen im Warenhaus erwischt wird, bezahlt Fabian den gestohlenen Aschenbecher,

---

[127] Gesammelte Schriften, Band 2, S. 153.
[128] Ebd., S. 84.
[129] Ebd., S. 64.

der ein Geschenk für den Vater des Mädchens sein sollte. Fabian ist der einzige, der auf das Kind eingeht, der es zu verstehen versucht. Die anderen umherstehenden Menschen zeigen nur Desinteresse oder geben phrasenhafte Kommentare ab, wie die vom Autor als *aufgetakelte Gans*[130] bezeichnete Frau. Fabian setzt sich hier symbolisch dagegen zur Wehr, dass die Kinder zu Dieben gemacht werden, nur weil sie aus Liebe zum Vater etwas Gutes tun wollen. Das Kind bräuchte Verständnis und Hilfe, keine Strafe. Dies signalisiert Fabian durch seine Handlung. Fabian hilft aktiv, er kommt an dieser Stelle ein Stückchen aus seiner passiven Beobachterrolle heraus.

Das kleine Mädchen taucht im großen Traum Fabians wieder auf. Hier wird das Stehlen des Aschenbechers verdeutlicht: Das Kind muss ihn stehlen, um in dieser Welt bestehen und überleben zu können. Es steht auf der untersten Stufe der Treppe des Saales, der die Gesellschaft symbolisiert, in der jeder jeden bestiehlt. Als Labude zur Anständigkeit aufruft, stimmen ihm alle dadurch zu, dass sie eine Hand hochheben. Aber sie stehlen gleichzeitig mit der anderen Hand weiter. *Nur das kleine Mädchen auf der untersten Stufe hob beide Hände*[131], ist also als einziger Mensch ehrlich.

Und so rettet Fabian schließlich das Mädchen als einziges aus dem Saal des Untergangs, in den sich der Saal inzwischen verwandelt hat, während er selbst, als Beobachter, wieder hinein geht. Das Kind *lief davon. Es hüpfte auf einem Bein und sang.*[132] Es geht einer besseren Zukunft entgegen, die es auf kindliche, unbeschwerte, aber vernünftige Weise gestalten

---

[130] Gesammelte Schriften, Band 2, S. 113.
[131] Ebd., S. 125.
[132] Ebd., S. 126.

wird. Diese Hoffnung drückt der Traum aus: Die Kinder haben es als einzige verdient, in einer besseren Welt zu leben.

Auf die Ähnlichkeit zwischen Greisen und Kindern weist auch der Traum explizit hin. In der Maschine wird der greise Erfinder in ein Kind verwandelt.[133] Interessant ist es, dass im darauf folgenden ‚Arbeitsgang' aus diesem Kind ein zweiter Fabian wird. Fabians Verhältnis und Ähnlichkeit zu Greisen und Kindern, also zu den Guten und Vernüftigen, wird hierdurch manifestiert.

Noch ein weiteres Kind spielt im *Fabian* eine Rolle. Ein kleiner Junge fällt im letzten Abschnitt des Buches in einen Fluss. Fabian springt hinterher, um ihn zu retten, ertrinkt aber dabei, weil er nicht schwimmen kann, während der Junge einfach zurück ans Ufer schwimmt.

Fabian ist also unter allen Umständen bereit, den Kindern, und damit der Gesellschaft und der Menschheit, zu helfen, auch unter Einsatz seines Lebens, so wie es im Traum bereits angelegt ist. Dass dieser Einsatz für einen Jungen als Endpunkt des Romans gesetzt ist, belegt die Bedeutung der Kinder. Fabian hätte auch anders ums Leben kommen können.

Für die Kinder lohne es sich, sich einzusetzen. Tragisch an der Sache ist, dass das Kind die Hilfe gar nicht benötigt. Es kann selber schwimmen. Und damit nach Kästners Hoffnung und Überzeugung etwas, was Fabian nicht kann: auch in schlimmen Zeiten überleben.

---

[133] Gesammelte Schriften, Band 2, S. 121.

Kästner himself

Darauf, dass vielfach Autobiographisches und sehr Persönliches in Kästners Lyrik und Roman eine Rolle spielen, habe ich bereits an verschiedenen Stellen, besonders in den Abschnitten ‚Die Mutter', ‚Krieg' und ‚Zweierbeziehung' hingewiesen. Dies soll hier nicht erneut aufgerollt werden. Festzuhalten ist aber unbedingt, dass der Lebenslauf Fabians mit dem in den Gedichten *Jahrgang 1899* (*Herz auf Taille*) und *Kurzgefasster Lebenslauf* (*Ein Mann gibt Auskunft*) übereinstimmt und damit auch mit dem Kästners selber.

Fabian ist zweiunddreißig Jahre alt[134], gehört also dem ‚Jahrgang 1899' an. Er ist herzkrank[135] (der Gesundheitsschaden stammt aus dem 1. Weltkrieg[136]), hat seinen Doktor gemacht[137], bekommt von seiner Mutter die gewaschene Wäsche geschickt und war früher in den Ferien mit ihr wandern.[138] Weiter ist Dresden problemlos als Fabians Heimatstadt auszumachen.

Dies sind alles eindeutig autobiographische Daten. Mit Labude hat Kästner zudem noch, wie oben beschrieben, die Lessingverehrung und die problematischen Liebesbeziehungen gemein. Labude ist somit der Träger weiterer Züge des Autors.

Mit anderen Worten: Besonders die Figur des Fabian hat vieles von Kästner.

---

[134] Gesammelte Schriften, Band 2, S. 13.
[135] Ebd., S. 13.
[136] Ebd., S. 54.
[137] Ebd., S. 37.
[138] Ebd., S. 39f.

Und was war da noch?

Es lassen sich einige weitere Übereinstimmungen zwischen Lyrik und Roman finden, die aber keine weiterreichende Bedeutung haben. Zu nennen wäre etwa die Schilderung der Attraktivität großgewachsener Frauen – Fabian: *Meine Vorliebe gehört großen Frauen*[139]– verkörpert im Roman durch die Figur Irene Moll. In den Gedichten wird dies besonders deutlich in den Zeichnungen Erich Ohsers in *Herz auf Taille* (zum Beispiel auf den Seiten 9, 21 und besonders Seite 63).

Oder etwa die Ansicht, dass man nur heiraten dürfte, wenn man genug Geld besitzt, um Frau und Familie versorgen zu können, wie sowohl Fabian[140] als auch der Buchhalter im Gedicht *Ein Buchhalter schreibt seiner Mutter* in *Ein Mann gibt Auskunft* übereinstimmend äußern.

Ein drittes Beispiel hierfür ist die in dem Gedicht *Die Entwicklung der Menschheit* (*Gesang zwischen den Stühlen*) herausgestellte ‚Errungenschaft' der Menschen, durch *Stiluntersuchungen* festgestellt zu haben, dass *Cäsar Plattfüsse hatte.*[141] Diese ironisch *Errungenschaft* genannte Tatsache wird im *Fabian* wieder aufgenommen, als Fabian seinem Kollegen Fischer auf dessen Fragen die verulkende Antwort gibt, er hätte in seiner Doktorarbeit anhand von Stiluntersuchungen nachweisen wollen, dass Hans Sachs Plattfüsse gehabt hätte.[142]

---

[139] Gesammelte Schriften, Band 2, S. 14.
[140] Ebd., S. 76.
[141] Gesang zwischen den Stühlen, S.7.
[142] Fabian, Gesammelte Schriften, Band 2, S. 37.

Und das Gedicht *Klassenzusammenkunft* in *Herz auf Taille* schildert ein Treffen ehemaliger Klassenkameraden, wie Fabian eines hätte erleben können, wäre er am Leben geblieben. Insofern kann man dieses Gedicht als Ergänzung zum *Fabian* ansehen, als ein ‚nicht ausgeführtes Kapitel'.

In der Untersuchung der Einzelaspekte konnte nicht jedes der im Roman oder in der Lyrik angesprochenen Themen behandelt werden. Weitere thematisierte Punkte wären zum Beispiel die Arbeitslosigkeit, in der Lyrik besonders die der Jugendlichen (*Das Riesenspielzeug* in *Gesang zwischen den Stühlen*), soziale Fragen wie die Situation von Bettlern oder der Wohnungsnot, letztere im Gedicht *Mädchens Klage* in *Herz auf Taille*. Im Roman wird besonders das Kleinbürgermilieu, in der Lyrik die Situation der Angestellten (*Offener Brief an Angestellte* in *Lärm im Spiegel*) beschrieben.

Also alles in allem sind Kästners Gedichte und sein Roman *Fabian* eine fast unergründliche Quelle zur Beschreibung und Analyse der Zeitumstände der Jahre vor der Machtübergabe an die Nationalsozialisten.

Grotesk – satirisch – zynisch:
Die Stilmittel

In Hinsicht auf den Einsatz der Stilmittel lassen sich keine gravierenden Unterschiede zwischen der Lyrik und dem Roman feststellen.

Fabian liefert zumeist zynische oder ironische Bemerkungen zu den Gegebenheiten, die auf ihn zukommen. Groteske Bilder, besonders in Fabians Traum, fehlen nicht, und dass der ganze Roman eine Satire ist, braucht nicht besonders hervorgehoben zu werden. Was im Roman nicht auffällt, sind sarkastische Züge, wie sie in der Lyrik gelegentlich vorkommen, zum Beispiel in dem Gedicht *Die Tretmühle* (*Herz auf Taille*), in dem die Ironie bis ins Extreme getrieben wird:

> *Rumpf vorwärts beugt! Es will dich einer treten!*
> *Und wenn du dich nicht bückst, trifft er den Bauch.*
> *Du sollst nicht fragen: was die andern täten!*
> *Im übrigen: die andern tun es auch.*
> *[...]*[143]

Sentimental-rührselige Stellen findet man im *Fabian* seltener als in der Lyrik. Im Roman sind diese Stellen mit der Mutter verbunden, in der Lyrik kommen sie ebenfalls hauptsächlich in den Mutter-Gedichten vor, aber auch in anderen Zusammenhängen. Zum Beispiel die Gedichte *Selbstmörder halten Asternbuketts* (*Lärm im Spiegel*) oder *Apropos, Einsamkeit* (*Herz auf Taille*) wirken ausgesprochen sentimental.

---

[143] Herz auf Taille, S. 29.

Festzuhalten ist, dass der Roman im Ganzen wesentlich zynischer als die Lyrik wirkt, aus dem Grunde, dass Fabian als Hauptfigur ständig anwesend ist. In der Lyrik überwiegen die ironischen Wendungen. Dadurch wirkt sie oftmals ‚lieblicher', nicht so bissig und verletzend wie der *Fabian*.

Vom Sprachlichen her hat Kästner es in seiner Lyrik in einigen Rollengedichten besser fertig gebracht, Angehörige verschiedener Schichten in deren typischem Sprachduktus zu Wort kommen zu lassen, als im Roman. In diesem reden alle gleich, und zwar im „Kästner-Ton", meint Werner Schneyder:

> „Die Dialoge sind keine. Alle handelnden Figuren
> sprechen Erich Kästner. Ihre direkte Rede
> nimmt auf Geschlecht, Charakter, Psyche und
> Milieu nicht weiter Rücksicht, Kästner unterhält
> sich mit sich".[144]

---

[144] Werner Schneyder, Erich Kästner, S. 54.

Was unterscheidet die Lyrik vom Roman?

Abschließend zeige ich einige gattungsspezifisch bedingte Unterschiede zwischen der Lyrik und dem Roman auf.

Der Roman hat vom Theoretischen her ganz andere Möglichkeiten als die Lyrik. Während diese in ihrem gegebenen Rahmen im Grunde jeweils nur die pointierte Darstellung eines Gedankens zulässt, hat der Roman die Möglichkeit, die ‚epische Breite' zu nutzen. Diese erlaubt „breit ausmalende Schilderungen" wie auch „gemächliches Verweilen bei Einzelheiten, Abschweifungen, Episoden, epische Wiederholungen, Rückgriffe".[145] Der *Fabian* verzichtet allerdings auf das meiste davon. Es wird weder breit ausgemalt, noch werden viele Abschweifungen, Wiederholungen oder Rückgriffe gemacht. Wie oben schon gesagt, besteht er aus vielen aneinandergereihten Episoden, die durch die Person Fabians verbunden werden. Einzelheiten werden nur teilweise sehr detailliert geschildert.

Die Lyrik sieht nicht sehr viel anders aus. Ihr fehlt zwar die sie verbindende Figur eines durchgängig anwesenden Helden, sie ist aber ansonsten dem Aufbau des Romans *Fabian* ähnlich. Im Ganzen gesehen ist auch sie eine Aneinanderreihung von Einzelepisoden. Der theoretisch existierende stark subjektive Charakter der Lyrik, im Gegensatz zum objektiven des Romans, ist durch ihren sachlich-objektiven Stil aufgehoben. So existiert nur selten ein lyrisches Ich, das mit dem des Autors gleichzusetzen wäre, das dessen „innerseelische Vorgänge"[146] schildert. Auch handelt es

---

[145] Sachwörterbuch der Literatur, Stichworte „Roman", „Epische Breite".
[146] Ebd., Stichwort „Lyrik".

sich meist weniger um Gedankenlyrik, sondern um ‚epische Lyrik', erzählende Gedichte, die an die Form der Ballade erinnern. Dies deuten einige Gedichttitel direkt an, wie zum Beispiel *Die Ballade vom Mißtrauen* (*Gesang zwischen den Stühlen*) oder das Gedicht *Kurt Schmidt, statt einer Ballade* (*Ein Mann gibt Auskunft*).

Die Form des Romans bietet gegenüber der Lyrik die Möglichkeit, größere Zusammenhänge darzustellen, Handlungen und deren Folgen zu schildern sowie Charaktere ausführlich zu zeichnen, während Lyrik Zustandsschilderungen gibt und Typen darstellt. Auch hier ist wieder anzumerken, dass der Fabian kaum eine durchgängige Handlung aufweist, sondern eine Abfolge von Einzelhandlungen beinhaltet. So fällt der große Germanist Hans Mayer das Urteil: „Der Fabian ist natürlich kein Roman", sondern „eine Geschichte in Epigrammen und Aphorismen".[147]

Der Unterschied zwischen Roman und Lyrik liegt daher in der Beschreibung der Hauptperson, die man, bleibt sie auch teilweise typenhaft, doch recht eingehend kennenlernt. Eine Entwicklung macht sie kaum durch. Der Fabian des Schlusses ist fast der des Anfangs.

---

[147] Hans Mayer, Beim Wiederlesen des „Fabian" von Erich Kästner, S. 93.

Fabian durch die Brille der Lyrik

Nachdem im vorigen Abschnitt die Lyrik dem Roman gegenübergestellt worden ist, soll nun versucht werden, den *Fabian* in wesentlichen Zügen aus der Sicht der Gedichte zusammenfassend zu beurteilen.

Der Roman *Fabian* unternimmt den Versuch, die Großstadt und das Leben in ihr um 1930 möglichst umfassend zu schildern. Der Roman ist eine Satire mit ironischen, zynischen und grotesken Zügen. Um die Leser aufzurütteln, begnügt Kästner sich nicht nur damit, ein getreues, dem Bürgerlichen Realismus verhaftetes Bild zu zeichnen, sondern er übertreibt, er liefert eine Karikatur der Zustände.

Um diesem Bild einen Zusammenhang zu geben (außer dem vorhandenen, dass eben das Großstadtleben thematisiert wird, wie dies andererseits auch die Gedichte zusammenhält), lässt Kästner den Helden Fabian durch diese Großstadtbilder eilen.

Der Titel des Romans *Fabian. Die Geschichte eines Moralisten* scheint darauf hinzuweisen, dass vom Autor die Zeichnung der Figur des Jakob Fabian der eigentliche Beweggrund gewesen ist, den Roman zu schreiben. Dieser Titel ist aber vom Verlag gewählt worden. Kästner selber wollte ihn zunächst *Der Gang vor die Hunde*[148] nennen. Dieser Titelvorschlag, der vom Verlag abgelehnt worden ist, weist auf verallgemeinernde Zielsetzungen hin, nicht auf ein individuelles Schicksal. Den ‚Gang vor die Hunde' der Zeit und der Gesellschaft.

---

[148] Fabian. Gesammelte Schriften, Band 2, S. 7.

Ganz deutlich wird die Absicht, weniger das Schicksal eines Individuums als vielmehr den Zustand der Gesellschaft zu schildern, dadurch, dass der ganz ursprünglich angedachte Titel, noch vor *Der Gang vor die Hunde*, eigentlich *Sodom & Gomorrha* lauten sollte. Dies schrieb Kästner in einem seiner täglichen Briefe an die Mutter mit den Worten *Gestern ist der Roman fort nach Stuttgart [zum Verlag. WB] ... Als Titel habe ich vorgeschlagen: „Sodom & Gomorrha", und ich hoffe, dass es dabei bleibt.*[149]

Der Roman ist also als Beschreibung des Zustandes einer Zeit angelegt, die ihrem baldigen Untergang entgegen sieht, wie es deutlicher als mit dem auf das Alte Testament verweisenden Titel *Sodom & Gomorrha* nicht anzudeuten gewesen ist.

Der Held Fabian fungiert also in erster Linie als passiver Beobachter, wie es im Roman immer wieder deutlich wird. *Ich sehe zu*[150], sagt er selbst. An anderer Stelle wird gesagt, dass er *die Szene betrachtete*.[151] Insofern ist er mit dem in den Gedichten teils anwesenden, teils außerhalb stehenden Beobachter vergleichbar.

So ist es auch nicht verwunderlich, das seine Beobachtungen denen der Lyrik in vielem stark ähneln. Werner Schneyder drückt dies so aus: „Der als Fabian beschriebene Mensch hat die meisten Gedichte Erich Kästners geschrieben."[152] Es ist in beiden Fällen die Weltsicht Kästners, die dargestellt wird. Hierdurch erklären sich auch die vielen biographischen Übereinstimmungen zwischen Fabian und dem Ich der Lyrik. Sie erweisen sich als autobiographisch bedingt.

---

[149] Erich Kästner, Mein liebes, gutes Muttchen, Du!, S. 149.
[150] Fabian, Gesammelte Schriften, Band 2, S. 46.
[151] Ebd., S. 186.
[152] Werner Schneyder, Erich Kästner, S. 64.

In dem vorhergehenden Abschnitt wurden die Themen des *Fabian* mit denen der Lyrik verglichen, wobei auffiel, dass es kaum Unterschiede in der Behandlung gibt. In einigen Punkten wirft die Lyrik aber ein vertiefendes oder differenzierendes Licht auf den Roman. Diese Ergebnisse des Vergleichs sollen nun auf den *Fabian* angewandt werden.

Fabian sucht in dem Roman nach einem Inhalt für sein Leben. Da er, wie gezeigt, in vielem mit dem Autor Kästner übereinstimmt, kann man von einer Suche Kästners in der Gestalt des Fabian sprechen. Diese Suche zeigt einen wichtigen Unterschied zur Lyrik auf, in der von einer individuellen Suche nach dem Sinn des Lebens nicht die Rede ist. Die Lyrik beschränkt sich auf das Beobachten und das Anklagen.

Bei seiner Suche wird Fabian mit sehr vielen Aspekten des Großstadtlebens konfrontiert, wie Kästner selber in der Realität auch, was dieser in seiner Lyrik verarbeitet hat.

Fabians Ziel ist das Kästners: der Vernunft zum Durchbruch zu verhelfen. Dies wird aber weder in der Lyrik noch im Roman als leicht oder sogar überhaupt verwirklichbar angesehen.

Fabian sucht nach der großen Liebe, nach einer Idylle in der Großstadt. Von dem entfremdeten Geschlechtsleben der Zeit will Fabian tief im Inneren nichts wissen: Irene Moll schafft es nicht, ihn zu verführen.

Die Mutter Fabians ist die Mutter der Gedichte, sie spielt eine wichtige Rolle in seinem Leben.

Eine Hilfe für das Verstehen des Fabian ist die Kenntnis der Gedichte in Bezug auf das Problem ‚Selbstmord'. Man könnte Fabians ‚In den Fluss springen' als verkappten Selbstmord interpretieren. Die Voraussetzungen wären gegeben: Seine Lebensinhalte sind alle zugrunde gerichtet und für die Zukunft bietet sich kaum die Aussicht einer Selbstverwirklichung.

Kennt man aber die Lyrik, so kann man eigentlich gar nicht auf die Idee kommen, dass es sich um einen Selbstmord handelt, da dies völlig den sonstigen Ansichten Kästners widersprochen hätte. Vielmehr wird man den Schluss mit Marcel Reich-Ranicki als ein Untergehen im „Strom der Zeit"[153] deuten müssen.

Die Rolle, die Kästner den Kindern zuschreibt, wird ebenfalls durch die Lyrik verdeutlicht. Im Roman erscheint sie verschlüsselter.

Was ist nun aber als zentrale Aussage des Romans zu werten? Da die Gedichte und der Roman einander stark ähneln, wobei im Übrigen anzumerken ist, dass die meisten Gedichte vor dem *Fabian* entstanden sind, kann man die von Kästner in seiner *Prosaischen Zwischenbemerkung* (*Lärm im Spiegel*) beschriebene *Seelische Verwendbarkeit*[154] der Gedichte auf den Roman übertragen. Folglich kann man den *Fabian* ebenfalls als *für jeden, der mit der Gegenwart geschäftlich zu tun hat*[155] bestimmt ansehen. Auch hier sind *Empfindungen (und Ansichten und Wünsche) in Stellvertretung* ausgedrückt.[156] Der *Fabian* wäre demnach mit

---

[153] Marcel Reich-Ranicki, Der große Dichter der kleinen Freiheit.
[154] Lärm im Spiegel, S. 46.
[155] Ebd., S. 46.
[156] Ebd., S. 47.

Fug und Recht als ‚Gebrauchsroman' zu bezeichnen, analog zur Bezeichnung der Lyrik als ‚Gebrauchslyrik'.

Hier ist allerdings eine Einschränkung vorzunehmen. Während die Lyrik für verschiedene gesellschaftliche Schichten *seelisch verwendbar* ist, berührt der Roman nur eine kleinere Schicht direkt, die der Intellektuellen. Darüber hinaus spricht er diejenigen an, die gerne wie Intellektuelle leben würden, zum Beispiel die Angehörigen der breiten und zu der damaligen Zeit sich gerade erst formenden Angestelltenschicht. Diese konnten sich gut mit Fabian identifizieren.

Da Kästner den Lesern seiner Gedichte im *Fabian* nur wenig Neues zu bieten hatte, stellt sich die Frage, warum er den Roman überhaupt geschrieben hat. Es kann natürlich sein, dass es ein ganz pragmatischer Grund war, nämlich dass es sich finanziell durchaus gelohnt hat, einen Roman für Erwachsene zu schreiben. So schreibt Kästner bereits im Oktober 1929 an seine Mutter, dass *ein Verleger da gewesen sei. Will einen Roman von mir haben. Na, abwarten*[157], war seine Reaktion auf dieses Angebot.

Vorstellbar ist auch, dass ihn die Arbeit an der größeren Form des Romans gereizt hat, mit der Möglichkeit, so etwas wie eine Identitätssuche zu beschreiben. Diese Identitätssuche hätte ihr Ende damit gefunden, dass Fabian kurz vor dem Sprung in den Fluss feststellt: *daß er zum Zuschauer bestimmt und geboren war, nicht [...] zum Akteuer im Welttheater.*[158] Auf Kästner bezogen hieße das, zum Zuschauer und Beschreiber bestimmt zu sein.

---

[157] Erich Kästner, Mein liebes, gutes Muttchen, Du!, S. 90.
[158] Fabian, Gesammelte Schriften, Band 2, S. 193.

Wenn man den Schluss des Romans daraufhin weiter zu interpretieren versucht, wäre folgendes die zentrale Aussage: Menschen wie Fabian sind zum Zuschauer geboren. Sobald sie aktiv werden wollen, gehen sie unter. Die Fähigkeit zum Handeln fehlt ihnen. Aber um die Zustände zu verändern, muss man selber aktiv handen, da es sonst die Anderen tun. Fabians Weg ist also der falsche. Die Aufgabe wäre es demnach, *Schwimmen zu lernen,* so wie Kästner es in der Kapitelüberschrift sagt. Wie das aber zu bewerkstelligen ist, das sagt der Roman genausowenig aus wie die Lyrik.

Das Ende

Dieses Buch hat es sich zur Aufgabe gesetzt, die Bezüge zwischen Erich Kästners Lyrik von 1928 bis 1932 und seinem Roman *Fabian. Die Geschichte eines Moralisten* von 1931 aus verschiedenen Blickwinkeln zu beleuchten.

Dabei stellte sich heraus, dass Roman und Lyrik in den behandelten Themen und den benutzten stilistischen Mitteln größtenteils übereinstimmen. Selbst vom Gattungsspezifischen her weisen sie keine großen Unterschiede auf. Um eindeutige Schlüsse ziehen zu können, beziehungsweise um die angesprochenen Probleme des Romans richtig einzuschätzen sowie zur Klärung bestimmter Aspekte des Romans ist die Kenntnis der Lyrik ausgesprochen hilfreich. Hier erweist sich die Lyrik insbesondere für eine Beurteilung des Schlusses und der Rolle des Kindes als wichtig.

Man kann hier das Resümee ziehen, dass Kästner mit dem Roman *Fabian* seinem Publikum inhaltlich kaum Neues an Aussagen oder Themen bieten konnte. Natürlich hatte der Roman eine noch weiterreichende Breitenwirkung als die ohnehin außergewöhnlich erfolgreiche Lyrik, einfach dadurch, dass Romane grundsätzlich einen größeren Leserkreis erreichen als Gedichte.

Neu an dem Roman ist aber, dass im Gegensatz zu der Lyrik eine ständig anwesende Hauptfigur existiert, die eine bestimmte Gruppe von Lesern zur Identifikation anregen konnte.

Diese Hauptfigur trägt den Namen Fabian. Dieser Name ist meines Erachtens nach nicht zufällig gewählt. Fabian könnte auf den Fabianismus verweisen, eine in Großbritannien recht bedeutungsvolle Spielart des Sozialismus. Die „Fabian-

Society", gegründet 1883, deren bekannteste Vertreter Bernard Shaw und H.G. Wells gewesen sind, war eine „Gemeinschaft der Intellektuellen", die eine Neuordnung der Gesellschaft auf dem Wege der Reformation wollte.[159] Sie wollte eine „ganz allmähliche, schrittweise Einführung des Sozialismus".[160] Die Revolution, als „blutigen Aufstand und gewaltsamen Umsturz" verstanden, lehnten die Fabier ab, da diese den „gegenwärtigen Zustand der menschlichen Gesellschaft ändern, sicher aber nicht bessern" würde.[161] Ihren Namen und ihre Taktik bezog die Fabian-Society von dem römischen Feldherrn „Fabius Cunctator", dem „Zauderer", die sie wie folgt beschrieben:

> „For the right moment you must wait as Fabius did most patiently *[...]*; but when the time comes you must strike hard, as Fabius did *[...]*.[162]

Diese Merkmale der Fabian-Society sind hier deshalb angeführt, da sich sofort Bezüge zum *Fabian* und zur Lyrik Kästners ergeben, wie zum Beispiel der Aufruf zur Reformation, das Warten auf den geeigneten Zeitpunkt zum Handeln oder der Standpunkt gegen eine marxistische Revolution. Der Frage, ob die Figur des Fabian von Kästner bewußt als ein Fabier, ein Vertreter des Fabianismus, konzipiert wurde, kann hier nicht ausführlich nachgegangen werden. Es sei aber auf diese augenfälligen Übereinstimmungen

---

[159] Zur „Fabian-Scociety": Heinz Mattick, H.G. Wells als Sozialreformer, Leipzig 1935.
[160] Ebd., S. 26.
[161] Ebd., S. 26.
[162] Ebd., S. 26.

hingewiesen, die sich durchgängig in der Grundhaltung Fabians wiederfinden. Der Bezug zum Fabianismus gäbe dem Roman eine interessante politische Dimension. Kästner selbst erwähnt im *Fabian* einen Roman von H.G. Wells, „Die Welt des William Clissold", der 1926 erschienen ist. In diesem Roman wird die dem Untergang entgegen eilende moderne Zivilisation beschrieben. Der Held dieses Romans sagt an einer Stelle: „Die moderne Zivilisation ist wie ein Flugzeug mit einem einzigen defekten Motor". Ein Satz, der der Lyrik oder dem Roman Kästners entnommen sein könnte.

Kästners Figur Fabian ist, ob der Bezug zum Fabianismus stimmend ist oder nicht, ein ‚Zauderer', der auf den rechten Zeitpunkt zum Handeln wartet. Er glaubt ihn gefunden zu haben, als der kleine Junge in den Fluss fällt. Da Fabian vorher aber nicht *zu schwimmen* gelernt hatte - also mit den Problemen der Endphase der Weimarer Republik aktiv umzugehen - geht er im entscheidenden Augenblick im „Strom der Zeit"[163] unter. Der Junge schwimmt ans Ufer, er rettet sich selber und lebt weiter.

Damit verleiht Kästner seiner Hoffnung auf die nächste Generation Ausdruck. Sie wird den Weg aus dem Unheil heraus finden. Die Generation Fabians - und Kästners - will zwar, kann aber nicht helfen. Dieser Generation werden nur die Möglichkeiten des Mitmachens, des Exils oder der inneren Emigration bleiben. Oder des Selbstmords beziehungsweise des Todes, wie zum Beispiel Kurt Tucholsky oder Carl von Ossietzky ihn erlitten haben.

---

[163] Marcel Reich-Ranicki, Der große Dichter der kleinen Freiheit.

Der Aufruf Kästners, also die ‚Gebrauchsfunktion' des Romans, wäre es demnach, *Schwimmen zu lernen*, in der Zeit zu bestehen und die nachfolgende Generation sinnvoll zu unterstützen. Diese Aussage macht Kästner bereits 1929 in *Leben in dieser Zeit*:

> *Denkt an die, die nach euch kommen!*

Der Blick zurück

Ist Kästner noch aktuell?

Ja, mehr denn je. Das waren meine Gedanken beim Abtippen und Überarbeiten dieser Studie aus den 80er Jahren.

Gewundert hat es mich dann auch nicht, dass es mittlerweile eine Neueinspielung der Funkrevue „Leben in unserer Zeit" gibt und dass so gut wie alle Texte Kästner leicht greifbar sind.

Besonders spannend finde ich es, dass wir nun die Urfassung des Fabian lesen können: *Der Gang vor die Hunde*, und dass weitere, schwer zugängliche Erzählungen von Kästner in dem Band *Der Herr aus Glass* erschienen sind. Das I-Tüpfelchen ist der Band *Der Karneval des Kaufmanns*, in dem seine Schriften aus der Leipziger Zeit gesammelt sind.

Erich Kästner, wie man sich ihn wünscht.

Die Zugabe: Kästner und ich

Ich kann mich nicht daran erinnern, dass ich die Kinderbücher von Erich Kästner als Kind besonders begeistert gelesen hätte. *Emil und die Detektive* habe ich mit Sicherheit damals gelesen, aber fand ich es so toll? Ich stand mehr auf die *5 Freunde* und Cowboy und Indianer-Abenteuer. Die Karl May-Bücher kann ich heute noch in jedem Augenblick direkt riechen.

Kästner kam erst später. Genauer gesagt mit sechszehn oder siebzehn. Ich hatte gerade meine Simmel-Phase durch. Im Mitschülerkreis kreisten damals drei Bücher, die bei uns umgehend Kultstatus gewonnen haben. Das waren *Der Steppenwolf* von Hermann Hesse, *Homo Faber* von Max Frisch und – „*... Was nicht in euren Lesebüchern steht*" von Erich Kästner.

Diese drei Bücher schlugen auch bei mir ein, und ließen mich bis heute nicht wieder los.

„*...Was nicht in euren Lesebüchern steht*" ist ein Sammelband, ein schmales Taschenbuch aus dem Fischer Verlag, das zuerst 1968 erschien und im Juni 1977 bereits 12 Neuauflagen mit zu dem Zeitpunkt 150.000 Exemplaren hatte. Und DM 2,80 kostete.

Es startete mit den Versen aus dem Jahr 1946:

> *[...]*
> *Ich könnte euch Verschiedenes erzählen,*
> *was nicht in euren Lesebüchern steht.*
> *Geschichten, welche im Geschichtsbuch fehlen,*
> *sind immer die, um die sich alles dreht.*
> *[...]*

Das verschlangen wir und lechzten nach mehr. So stieß ich auf Kästners kabarettistische und journalistische Arbeiten.

Der Mann war politisch auf unserer Höhe, merkten wir. Der hatte sogar gegen atomare Aufrüstung und Atomenergie demonstriert, als ein aus unserer jugendlichen Sicht ‚alter Opa'. Wir waren ein klein wenig zu jung, um in Brockdorf dabei gewesen zu sein. Oder ein klein wenig zu passiv. Es hatte nicht viel gefehlt.

Ein paar kleine Romane von Kästner tauchten auf, einen erkannte ich wieder - den Film *Drei Männer im Schnee* hatte ich gesehen. Und eines Tages hielt ich dann meine erste Fabian-Ausgabe in den Händen. Das war es! Das fühlte ich.

Kästner rettete mich nach dem Abitur über die langweilige Zeit meiner Bankausbildung hinweg. Und er stand mir leise und abwartend zur Seite, als ich in mein Literaturstudium aufbrach. Er lächelte still, als ich mich zunächst in das Wien um 1900, Thomas Mann oder Sagen und Märchen stürzte. Ich kann warten, schien er zu denken,

Er brauchte nicht lange zu warten.

Im Feburar 1983 fand ich mich für ein vierwöchiges Praktikum in Köln wieder. Dort gab es eine Buchhandlung unten an der Ecke des Hauses im Severinsviertel, in dem ich eine (Bruch-)Bude gemietet hatte. Dort kaufte ich mir ein Kinderbuch von Kästner nach dem anderen und las es nachts in meiner kalten, ölofenbeheizten Wohnung und auf den Bahnfahrten zwischen Hamburg und Köln.

Im Sommersemester 1984 war es dann soweit, der Höhepunkt meines Studiums begann. Das wusste ich zu diesem Zeitpunkt natürlich überhaupt noch nicht. Der von den meisten von uns sehr hoch angesehene Professor Karl-

Robert Mandelkow bot überraschenderweise einmal nicht Goethe an, sondern ein Hauptseminar mit dem Titel: „Der deutsche Roman der Weltwirtschaftskrise". Das war für mich die Offenbarung: Man konnte sich als Germanistik-Koryphäe mit solch „trivialen" Romanen beschäftigen! Da war ich dabei! Und dazu gab es noch, quasi als Bonus, eine Vorlesung von Professor Mandelkow am späten Freitagnachmittag zum gleichen Thema obendrauf! Dort trafen sich ein Semester lang alle, die ich im Studium kannte, da war man einfach dabei.

Ich kann noch heute im Schlaf die Romane herbeten, die wir damals besprochen haben. Darunter befand sich – natürlich – auch der Roman *Fabian. Die Geschichte eines Moralisten* von Erich Kästner. Das war mein Thema, das fühlte ich, und so schrieb ich dort eine ausführliche Seminararbeit, in der ich die Gedichte Kästners mit seinem Roman *Fabian* verglich.

Eines Tages beim Gang nachmittags zur U-Bahn blieb ich abrupt stehen, ich befand mich gerade auf der Höhe der Universitäts-Sportplätze. Dort, genau dort und zu diesem Zeitpunkt hatte ich die Idee, oder besser: die Eingebung für meine Magisterarbeit. Ich würde meine Leidenschaft zum Thema machen und über Kästners *Fabian* und andere Romane der ausgehenden Weimarer Republik schreiben! Es gibt Augenblicke im Leben, an denen einem etwas einfach klar vor Augen steht.

Dies war so einer.

Welche Ausgaben vom *Fabian* und den Gedichten sind zur Zeit (Mitte 2016) greifbar?

Fabian-Ausgaben:

Der Gang vor die Hunde, Die rekonstruierte Urfassung des Fabian, Atrium Verlag

Fabian. Die Geschichte eines Moralisten, dtv

Fabian. Die Geschichte eines Moralisten, Atrium

Gedichte (jeweils diverse Ausgaben):

Herz auf Taille, Atrium

Lärm im Spiegel, Atrium

Gesang zwischen den Stühlen, Atrium

Ein Mann gibt Auskunft, Atrium

Zitierte Literatur von Erich Kästner

Erich Kästner, Gesammelte Schriften für Erwachsene, 8 Bände, München 1969.

Erich Kästner, Mein liebes, gutes Muttchen, Du!, Briefe und Postkarten aus 30 Jahren, Hrsg. Luiselotte Enderle, München 1984.

Erich Kästner, Herz auf Taille, München/Zürich 1980.

Erich Kästner, Lärm im Spiegel, München/Zürich 1979.

Erich Kästner, Ein Mann gibt Auskunft, München/Zürich 1980.

Erich Kästner, Gesang zwischen den Stühlen, München/Zürich 1980.

Zitierte Literatur über Erich Kästner

Helga Bemman, Humor auf Taille, Erich Kästner –
Leben und Werk, Berlin (Ost) 1983.

Walter Benjamin, Linke Melancholie, in: ders. Gesammelte
Schriften, Bd. 3, Frankfurt/Main 1972.

Renate Benson, Erich Kästner, Studien zu seinem Werk,
Bonn 1973.

Kurt Beutler, Eine literaturpädagogische Untersuchung,
Weinheim/Berlin 1967.

Luiselotte Enderle, Erich Kästner in Selbstzeugnissen
und Bilddokumenten, Hamburg 1966.

Jost Hermand, Einheit in der Vielheit? Zur Geschichte
des Begriffs „Neue Sachlichkeit", in: Keith Bullivant
(Hrsg.), Das literarische Leben in der Weimarer Republik,
Königstein/Ts. 1978, S. 71-88.

Reinhard Hippen, Kabarett zwischen den Kriegen, in:
Keith Bullivant (Hrsg.), Das literarische Leben in der
Weimarer Republik, Königstein/Ts., S. 89-113.

Karl August Horst, Erich Kästner: Naivität und Vernunft,
in: Merkusr Heft 13, 1959, S. 1175-1187.

Helmut Kiesel,Ericht Kästner Autorenbuch, München 1981.

Volker Klotz, Lyrische Anti-Genrebilder. Notizen zu einigen neusachlichen Gedichten Erich Kästners, W. Müller-Seidel u.a., Historizität in Sprach- und Literaturwissenschaft, München 1974, S. 479ff.

Klaus Kordon, Die Zeit ist kaputt. Die Lebensgeschichte des Erich Kästner, Weinheim/Basel, 1994.

Helmut Lethen, Neue Sachlichkeit 1924-1932, Stuttgart 1975.

Heinz Mattick, H.G.Wells als Sozialreformer, Leipzig 1935.

Hans Mayer, Beim Wiederlesen des „Fabian" von Erich Kästner, in: Rudolf Wolff, Erich Kästner: Werk und Wirkung, Bonn 1983, S. 91-94.

Marcel Reich-Ranicki, Der Dichter der kleinen Freiheit, Zum 23. Februar 1974, in: Das große Erich-Kästner-Buch, München/Zürich 1975, S. 347-356.

ders., Der große Dichter der kleinen Freiheit, in: Frankfurter Allgemeine Zeitung, 30. Juli 1974.

Werner Schneyder, Erich Kästner, Ein brauchbarer Autor, München 1982.

Dirk Walter, Zeitkritik und Idyllensehnsucht. Erich Kästners Frühwerk (1928-1933) als Beispiel linksbürgerlicher Literatur in der Weimarer Republik, Heidelberg 1977.

Gero von Wilpert (Hrsg.), Sachwörterbuch der Literatur, Stuttgart 1964, 4. Auflage.

Rudolf Wolff, Erich Kästner, Werk und Wirkung, Bonn 1983.

Über den Autor

Wolfgang Bremer, 1959, lebt in Hamburg. Er schreibt Sachbücher, Geschichten, Romane und Reiseberichte, die er auch öffentlich, unter anderem gemeinsam mit der seit 2003 bestehenden Hamburger Schreibgruppe „Die Einseitigen", vorträgt. Außerdem hält er zusammen mit unterschiedlichen Musikern verschiedene Themenabende (z. B.: 70er-Jahre, Kelten, Bretagne, Asterix, Jakobsweg und Erich Kästner) in Hamburg, Schleswig-Holstein und Mecklenburg-Vorpommern.

In den 80er-Jahren studierte der Autor Literaturwissenschaft an der Universität Hamburg. Aus dieser Zeit stammt auch das Interesse an Erich Kästner und die Basis für dieses Buch. Als Coach in Seminaren und Workshops unterstützt er seine Teilnehmer dabei, die eigene Kreativität zu entdecken und zu leben (www.nebenher-kreaktiv.de).

Der Autor ist als Personalchef tätig. Er ist verheiratet, hat zwei Kinder, eine Katze, eine Klarinette, fünf Fahrräder und viele Bücher.

Möchten Sie Kontakt mit dem Autoren aufnehmen?
Gerne jederzeit unter:

wolfgang.bremer1@gmx.de

Weitere Veröffentlichungen

Der Inder an der Ecke mit dem Koffer
Kurze Geschichten (2013), Eigenverlag

Mehr als nur Steine
Bretagne-Geschichten (2014), ISBN 9783741804670

Carmen in Hamburgs Frost
33 Geschichten (2014), Eigenverlag

Mattes I. Das französische Geheimnis
Roman (2014), Eigenverlag

Aufbrechen! Mit dem Fahrrad auf dem Jakobsweg nach Santiago de Compostela
Geschichten und ein Reisebericht (2015),
ISBN 9783741803567